伊藤佳代子 訳

アニタ ヒル 権力に挑む

セクハラ被害と語る勇気

信山社

2000

訳者まえがき

セクハラ疑惑でトーマス承認に翳り――問われる元部下の供述の信憑性

承認投票を目前にした連邦最高裁判事候補クラレンス・トーマスに対して、元部下によるセクハラの告訴がある事実が明らかになり、火曜日に予定されていた承認投票はとん挫する模様。トーマスの支持者らは昨日、元部下による告訴内容の信憑性を問う反撃に出た。

……

オクラホマ大学法学部教授アニタ・ヒルは一九八一年から八三年まで教育省及び雇用機会均等委員会（EEOC）においてトーマスの助手を務めたが、その間トーマスからセクハラの被害を受けたと、先月上旬上院司法委員会の調査官たちに語っていた。ヒルの告訴に詳しい筋によると、彼女が二つの連邦政府機関で働く間、トーマスは繰り返し彼女をデートに誘い、彼の性的好みや鑑賞したポルノ映画について生々しい表現を使って語ったという。

……

一九九一年十月七日（月曜日）付ワシントン・ポスト紙一面記事

本書はアメリカでセクハラ問題に人々の注意を喚起した画期的な事件の公開審理の模様を、被害者の立場で書きつづった体験の記録である。

かつて性差別を監督するEEOCのトップを務め、告訴のあった当時連邦最高裁判事候補として承認過程のまっただ中にあった黒人判事がセクハラで訴えられたという異例の事態にアメリカ国民は動揺した。告訴が承認過程中の指名候補に対するものであったため、審理は通常のセクハラの告訴と異なり上院司法委員会の公聴会で行われたが、その模様は連日三大ネットワークのテレビで放送され、一般大衆も事の成り行きに熱い眼差しを注ぐことになった。

では、全米の注目を集めた異例の公聴会は、どのような経緯を経て開催されることになったのであろうか。

一九九一年七月、ジョージ・ブッシュ共和党大統領は、リベラル派として知られる連邦最高裁黒人判事サーグッド・マーシャルの後任候補として、黒人のクラレンス・トーマスを指名した。トーマスは共和党にとってまれにみる好条件を備えた候補だった。まず、彼は黒人でありながら公民権推進に反対を唱えてきた忠実な保守派だった。また、トーマスは四十三歳という若手で、一旦彼を連邦最高裁判事にしてしまえば、終身雇用である連邦最高裁において保守派勢力を長期間維持できるという利点があった。さらに、田舎の貧困な家庭からエリートになったというトーマスの半生はアメリカ国民に強烈にアピールするもので、承認のための運動を有利に導くのに好都合だった。

同年九月、指名候補承認過程に従って、上院司法委員会の公聴会では司法や政治の分野でのトーマスの業績が検討された。トーマスの持っていた好条件を存分に生かした共和党による万全の支援策が効を奏して、上院司法委員会の民主党議員のなかにはトーマス支持を表明する者もいた。こうした状況のもとで、トーマスは難なく承認されるだろうと一般に予測されていた。ところが、九月二十七日に上院司法委員会で投票が行われてみると、結果は七対七という賛否同数となったのである。どうして予想は突如覆されたのだろう。

上院司法委員会のメンバーの判断を直前に動かしたのは、実はアニタ・ヒルという一人の黒人女性によるセクハラの告訴だったのである。

トーマスが連邦最高裁判事候補に指名されて二ヵ月ほど経った九月十二日に、アニタ・ヒルは上院司法委員会のスタッフにトーマスからセクハラの被害を受けたことを告げ、九月二十三日には彼女の名前は公にしないという約束のもと、上院司法委員会に宣誓供述書を送って連邦捜査局（FBI）による調査に応じていた。そして、上院司法委員会の承認投票日の前日である九月二十六日には、ヒルの宣誓供述書とともにFBIによる調査結果報告書が委員会に提出されていたのである。

賛否同数となった投票結果を受けて、トーマスの承認は上院本会議での投票にゆだねられることになった。当時上院では民主党が過半数を占めていたが、トーマスは過半数を獲得するのに必要な数の民主党議員の支持を取り付けていたため、この段階では上院本会議でトーマスが承認されるのは確実と見られていた。

ところが、アニタ・ヒルの告訴の内容は十月六日にナショナル・パブリック・ラジオとニューヨーク・ニュースデー紙でスクープされ、ワシントン・ポスト紙などメジャーな新聞社も記事を取り上げるという不測の事態が起こった。そして、匿名を希望していたアニタ・ヒル自身もマスコミに取り上げられたことを機に、勤務地であるオクラホマ大学のキャンパスで生中継の記者会見に臨み、一般大衆の前に姿を現した。こうした予想外の事態に至って状況は一変し、形勢は逆転した。

このままではトーマスの承認を勝ち取ることは危なくなったと判断した共和党は、一旦閉会した上院司法委員会を再開するという異例の措置を申し入れた。

そこでバイデン委員長は十月八日に予定されていた上院本会議での承認投票を延期して再度公聴会を開く決定を下し、アニタ・ヒル自身が証人として召喚されることになったのである。

本書の「序」は、このようにして開催が決まったヒル-トーマス公聴会の場面から始まっている。会場には三大ネットワークをはじめ多くのマスコミ関係者が大挙して押し寄せ、公聴会は映画を思わせる様相を呈したという。生々しい性的描写を使ったアニタ・ヒルと上院議員とのやりとりは、鮮明な映像とともにアメリカの一般家庭のリビングルームに伝えられ、国民一人一人に強烈な印象を与えた。

マスコミの絶大な影響力によってもたらされた一般大衆の関心の高まりは、それまでのセクハラ裁判では見られなかった全く新しい現象だった。全米を巻き込んだマスコミ報道のおかげで、セクハラ問題は広く国民に浸透したと言ってよいだろう。つまり、マスコミが大々的に報道したアニタ・ヒルの告訴があったからこそ、セクシュアル・ハラスメント問題はアメリカ史上はじめて、重大な社会問題として市民権を獲得したのである。セクハラ問題を一般大衆に認知させたという点においてヒル-トーマス公聴会の存在意義は計り知れないのである。

しかし、ヒル-トーマス公聴会での審理が本来の目的を離れて、異常と言えるほど錯綜していたことは否めない。

承認投票直前に告訴内容が公になったため、共和党議員たちからは民主党による陰謀説が唱えられる一方、民主党議員たちはセクハラ問題を正面から捉えようとしない曖昧な態度に終始した。また、まさに頂点を極めようとする黒人判事に対して訴えがなされたという事実に、黒人コミュニティーは怒りを露わにし、その黒人の怒りを利用して、問題を人種差別問題にすり替えようという巧みな策略も駆使された。

公聴会の場でセクシュアル・ハラスメント問題はどのように翻弄されたのか。混乱する審理の場をじっくりと味わっていただきたい。

そして、最終的には、クラレンス・トーマスは、サーグット・マーシャル判事の後任として、一九九一年一〇月に連邦最高裁判所判事に就任したのである。

[参考資料]
The Washington Post 1991 October 7
1999 Harvard Squre Netcasting LLC. Credits Microsoft Encarta Africana content

もくじ

一　序

米国上院司法委員会公聴会

わたしの午前中の証言が半ばを過ぎたころだった。アラバマ州選出の民主党上院議員ハウエル・ヘフリンが、共和党の戦略を端的にまとめるような発言をした。場所は米国上院司法委員会の公聴会。連邦最高裁判事候補クラレンス・トーマスの適否が検討されていた。

共和党はわたしの告訴の信憑性を攻撃しようとしていた。かつて州の最高裁判事を務め法廷弁護士でもあったヘフリンは、じっくり考えるような口調で語った。

「つまり、こういうことだと思うのです。おそらく委員会のみなさんも同じようにお考えでしょう。結局のところ、問題は真実を語っているのは誰か、ということです。弁護士として、あるいは判事として仕事をしてまいりました経験から申し上げるのですが、真実を語っていない人間の動機を明らかにするには、すべての証言を聞く必要があります」

「さて、ヒル教授。あなたがうそをついているのかどうか明らかにするには、まず、どうしてこのような行動に出られたのか、はっきりしなくてはなりません。これはすげなくされた腹いせなのでしょうか？」

「違います」

この質問には少し驚いたが、きっぱりとわたしは答えた。

「では、悲劇のヒロインを演じているつもりなのでしょうか？」

ひどい南部訛《なま》りと勿体《もったい》ぶった口調のせいで、悲劇のヒロイン（マーター）は殺人（マーダー）に聞こえた。

「違います」

「悲劇のヒロイン気取りなんだが、自分じゃそれに気づかないんだろうよ」

背後でくすくすという笑い声がした。

「公民権と聞けば、つい戦闘的になるということでしょうか？」

「違います」

質問の意味はよくわからなかったが、一九六〇年代の人種差別闘争当時に使われたような意味で「戦闘的」であるつもりはなかった。

「あなたの今のお立場は、いささか芝居じみていますね。バイデン上院議員に答えられたところによると、あなたは今日この場に出てこなくていいように、あらゆる手を尽くされたということですが、本当でしょうか？」

「もちろん。何もかもすべてしました」

わたしは車道に飛び出して怒られた子どものような気持ちになった。

ヘフリン民主党上院議員の質問は、公聴会の実情を如実に物語っていた。

動機についての質問はふつう刑事裁判で犯罪の要因を引き出すためになされる。こうした質問を使って、検察側は被告が欲や激情に駆られて犯罪に至ったと結論づける。一方、弁護側はそうした要因の一切を否定する。

ヘフリンは明らかにわたしを犯罪者扱いしていた。そして共和党は、わたしが十年前トーマスの助手をしていたときセクシュアル・ハラスメントの被害にあったという訴えは偽証であると非難していた。

共和党は公聴会の目的をうまくすり替えていたのである。

そもそもこの公聴会では、クラレンス・トーマスが連邦最高裁判事にふさわしいかどうかが問われるべきである。それなのに共和党の上院議員たちはわたしの訴えは偽証であると主張し、わたしの反論をどうかわすかを問題にしていた。公聴会が本格的に始まる前にアメリカ国民に先入観を植え付け、わたしを疑ってかかるようにし向けたのである。

わたしについて疑念を抱かせるためなら共和党はどんなレトリックを使うことも厭《いと》わなかった。わたしは訴えを公表する前に、自分が偽証するような人間ではないと証明しなくてはならなかった。公聴会の期間を通じて、全米の聴衆を対象とする世論調査が行われていたからだ。

ヒル‐トーマス公聴会

一九九一年の十月から数年が経った。わたしの人生は「ヒル‐トーマス公聴会」として知られる事件によって変った。「アニタ・ヒル」はもはやひとりの無名な個人ではない。セクシュアル・ハラスメントの代名詞だ。わたしの支持者は「アニタ・ヒル」をこう説明する。

「公の場に進み出て、苦渋に満ちた真実を明らかにした勇気の象徴、後続者の手本」

一方、わたしを中傷する人たちは「アニタ・ヒル」をこう呼ぶだろう。

「公開討論を汚した組織の手先」

「宣誓を冒瀆する偽証者」

真っ向から対立するイメージの中で生きていくのは容易ではない。くじけそうなときもある。

わたしの人生が変わりはじめたのは、マスコミが訴えを取り上げてからだった。それを境にたちまちわたしの世界は拡大した。あの経験に関する質問に答えていくうちに、事件について申し開きをしなければならない人の数が急激に増えていった。公聴会が終っても事件に関心を持つ人びとの数は増える一方で、その伸びは公聴会に解釈を与えようとする人たちの増加に匹敵するほどだった。

一九九一年十月十一日当時ですら、わたしはあの事件に一生つきまとわれるだろうと予感していた。だが、事件がわたしの人生そのものになってしまうとまでは思っていなかった。公聴会が終り、数日、そして数週間が過ぎても、事件に関連する出来事は後を絶たなかったのである。人びとはあの事件を簡単には忘れてくれないようだった。当初からわたしのプライバシーを侵害していたマスコミの干渉も、一向にやむ気配を見せなかった。わたしはこうした状況を予想していたわけではないし、歓迎もしていない。ニュース記者たちにとって事件はニュースのネタでしかないが、わたしにとっては人生そのものなのだから。

十月二日に報道関係者とはじめて接触をもったとき、わたしは警戒していたが、マスコミに慣れていなかった。しかし、十月十三日にはマスコミに対して懐疑的になっていた。報道関係者にはセクシユアル・ハラスメント問題に対する見識やデリカシーといったものが、全く欠けているのではないか。ジャーナリズムが公衆の知る権利のためだけにのぞき見趣味に走っているとは到底考えられなかった。オクラホマ市の弁護士から受けた電話のせいでわたしのマスコミ不信はさらに悪化した。レズビアンに人気のあるバーのオーナーに頼まれてかけてきたのである。どうやらタブロイド紙の記者がオーナーに電話して、わたしが店舗に出入りしていなかったかと聞いてきたらしい。

連邦最高裁判事の承認投票

一九九一年十月十五日火曜日、すなわち連邦最高裁判事承認投票日から、わたしは注意をそらせることができなくなった。待ち遠しい休暇の初日のように、その日はわたしにとって特別な日だった。投票が終わればマスコミに追いまくられる生活から解放されると考えていたわたしには、投票は単なる「証言に対する国民の審査」ではなかった。トーマスについての議論が終わり上院議員全員が投票すれば、報道関係者はわたしが住んでいるオクラホマ州のノーマンから退散するだろう。わたしの電話番号を投げ捨て、次の話題へ移っていくにちがいない。わたしは自分にこう言い聞かせていたのである。心のけじめを付けなければ、まともに仕事をすることはできなかっただろう。

しかし、一般大衆の関心を封じ込めることは不可能だった。オフィスの電話は全米からの電話で鳴りっぱなしだったし、毎日家に帰って留守電を聞くと、録音テープが足りなくなるほどメッセージでいっぱいだった。ファックスは一日につき平均三十通もあった。わたしに対する同情、なんらかの招待、公聴会に対する怒りなど、さまざまな内容である。

わたしがワシントンDCから戻ってもいないうちから、オクラホマ大学法学部のオフィスには地元の花屋から観葉植物や花が運び込まれた。ピンクや黄色、赤色の花飾りが、混乱の中に華やかな雰囲気を添え、香りが事務室や会議室に香水のように漂った。が、美しい色合いや甘い香りが場違いな印象を与えていたのも確かだった。周りでは皆神経をすり減らし、ひっきりなしに鳴っている電話のベルを聞いていたのだから。

本部事務の秘書であるローズ・マーティニーズ・エルガードは、すべての花飾りをわたしに見せてからカードを一枚一枚抜き取って集め、ボランティアの学生に頼んで地元の病院や保育園に運ぶよう手配してくれた。我が儘《まま》なわたしは、花飾りを一つ残らず独り占めにしたいくらいだった。

膨大な量の手紙から公聴会に対する人びとの関心の強さがうかがえる。十月十五日の火曜日から、わたし宛の手紙は大量に届くようになった。わたしの証言の日に投函されたものもあったようだ。日が経つにつれて手紙の量は増え、十月十九日には七百通入りの箱で二箱も届いた。

「まだ処理されていなかった分がまとまって来ているだけで、そのうち止むだろう」

わたしはこう思っていた。ところがそれはとんだ間違いだった。次の日には五箱の郵便物が届き、その後の三週間もずっとこの調子で配達が続いたからだ。郵便物は全米各地から、やがては世界各国から届くようになった。

法学部で常勤教師をする傍ら、全学の学務部長室で法学部教員代表も務めていたわたしには、手紙を読む時間がほとんどなかった。ましてや、返事を書く余裕などあるはずはない。電話も多くはかけ直さないままだ。

配達されて来る手紙の山

郵便物の山の整理を手伝ってくれたのは、放課後に駆けつけてくれた大学所属の女子職員たちだった。十五、六人の元気なボランティアは法学部のロビーに集まり、進んで動き回ってくれたのである。開封作業は数時間に及んだが、整理できたのはほんの一握りだった。すべての手紙に返事を書く時間も送料もない。返事を出すのは諦めるしかなかった。配達されたほとんどの手紙に、受け取ったという連絡すらしていない。

実に様々な年齢、人種、経歴の人たちが手紙を書いてきた。テレビや新聞で公聴会について見聞きした、ありとあらゆる人びとが感想を言葉にしていた。何年も連絡を取っていなかった旧友からの手紙もあるが、ほとんどは今まで全く知らなかった人たちからのものだった。どの手紙もそれぞれ目の当たりにした現実について意見を述べている。

「有名人に手紙を書くのはこれがはじめてです」

手紙はほとんどこのような書き出しで始まり、同情、怒り、喜びといった感情を表現していた。

「上院議員の誰それの態度は、まったく無神経だ」

「投票の結果には納得がいかない」

こうした怒りや不満も多く見られた。

セクシュアル・ハラスメントの被害者からの手紙も多かった。

被害者もその他の人びとも、セクシュアル・ハラスメントは人間の基本的な尊厳を侵害する行為であると書いている。

「政治が司法の候補者承認過程をあんなふうに振り回していいものだろうか」

「上院司法委員会の議員たちの振る舞いを見ていると、選挙で選出された議員の質が心配になります」

といった意見も寄せられた。

どの筆者もわたしとの間につながりを見いだしていた。共通の体験によって会ったことのないわたしたちのあいだに絆《きずな》が築かれたようだった。

「あなたとは以前から知り合いのような気がします」

多くの手紙がこう書いている。

セクハラ被害者からの手紙

勤務時間が終わって、職員がほとんど帰宅した後のオフィスはひっそりとしている。その中で、わたしは一日最低四十通の手紙を読もうとした。多くの手紙、ことにセクシュアル・ハラスメントの被害者からの手紙は、胸を締め付けられる内容だった。手紙に書かれた強烈な苦悩とわたしの疲れのせいで、決めた量の手紙を読み終えられない日が続いた。わたしは落胆して読み続けられなくなるか、現実を変えられない自分の無力さにいらだつかであった。

そこでわたしはやり方を変え、朝一番に手紙を読むことにした。ところがこれは失敗だった。手紙に書かれた屈辱感、怒り、悲しみを読んだ後で、仕事に集中することはできなかったからだ。虐待された経験や幻滅を覚えた体験が、一日中わたしについてまわった。

とはいえ、意気消沈するような手紙ばかりだったわけではない。わたしを中傷した上院議員の滑稽な描写には、思い切り笑ったこともある。我が子自慢のご夫婦からは、こんなほほえましいメッセージが届いた。

「写真のこの子がわたしたちに与えてくれる喜びの、半分でもお分けできればと思って」

脅迫状や無作法な手紙、単に残酷なメッセージを書いてきたものも当然あったが、ごくわずかだった。これはまったく神のおかげとしか言いようがない。だが、わたしはこうした手紙も読むことにした。わたしの証言を見た人すべてがわたしに好意的だなどと勘違いしないためである。

虐待の悲惨な経験をつづった手紙には、しばしば憤りをおぼえた。おかげでわたし自身が上院議員たちから受けた罵声《ばせい》も、いまでは何とも感じない。これほど多くの苦痛にくらべれば、わたしが受けた敵意がなんだというのだろう。

手紙をくれた人たちは、手紙を書くことによってあの公聴会を理解しようとしているようだった。わたしに反感を抱いていた人も同じである。自分自身のために、そしてときにはわたしのためにも、あの公聴会で何が起こっていたのか理解しようとしていた。こうした手紙や手紙以外のメッセージがどれほどありがたかったかは、とても言い尽くせない。手紙を読みながらわたしは苦痛に耐え、ついには自分自身を取り戻していったのだから。公聴会が始まって以来根拠のない非難にさらされ深く傷ついていたわたしは、癒《いや》しの場を求めていた。タブロイド紙の記者から通りがかりの人に至るまで、皆わたしの私生活を批判したり興味本位にのぞき見たりしようと、チャンスをうかがっているように思えた。穿鑿《せんさく》の手は永遠にゆるめられないのではないか、とわたしは怯えていた。

もっとも、あの事件について家族や友人と話し合うときには、ずいぶん慰められた。祈りもつねに支えとなってくれた。だが、わたしが元気を取り戻すことができたのは、オフィスでたったひとり手紙の束を前にしながら、多くの人たちがわたしと同じ関心を抱いていることを知ったおかげだ。わたしはあの公聴会によって、世の中と接触を失い、孤立したと感じていた。ところが、公聴会について見聞きした人びとからの手紙を読んで、再び世の中と結びつくことができたのである。

「これをネタに本でも」

「ヒル-トーマス公聴会」として知られる事件には、さまざまな説明がなされてきた。アメリカ政治において一つの分岐点をなす事件である。この事件によりセクシュアル・ハラスメントに対する関心が高まり、女性は目覚めたと言われている。だが、わたしにとって事件は人生を破滅させた災厄だ。わたしは自分や周囲の人びとのために、それを恵みに変えようと懸命に努めてきた。

事件によってセクシュアル・ハラスメントや人種、ジェンダーや政治といった問題に一般の人びとが関心を向けるようになったのは確かである。だから、公聴会を取り巻く事実関係についてうそ偽りのない評価を改めて行うのは、有意義なことだろう。

しかし、その再評価をもはや他人に任せてはおけない。事件を通してわたしがなにを経験したのか、どう感じ、なにを聞き、どう考えたのかということについて、他人は知ることができないからである。人がどう言おうと、わたしはこの問題に自分自身で取り組まなければならない。公聴会以来、事件の意義と計り知れない責任の重さを感じずに暮らした日は一日もない。上院司法委員会で証言したとき、スーザン・ヘルヒナー判事はわたしに言った。

「あなたがセクシュアル・ハラスメント問題を選んだんじゃないわ。あなたのほうがセクシュアル・ハラスメント問題に選ばれたのよ」

選ばれたからにはこの問題を意義あるものにするかどうかは、わたしの肩にかかっていると言っていいだろう。


質疑応答の時、ヘフリン民主党上院議員はわたしの行動に他意があるのではないかとほのめかした。

「これをネタに本でも出版しようというのですか？」

「いいえ、そのつもりはありません」

公聴会の議事録は会場中にひろがった含み笑いや嘲笑を、「笑い」という一語で片づけている。この公聴会にまつわる一連のわたしの行動がすべて「本を書きたい」という野心のためになされたというのは、だれが聞いてもばかげていたにちがいない。それはそれとして、公聴会の中で笑いを誘った場面と言えば、これくらいだった。

この本は事件を公平な立場で時間を追って描いたものではない。そのような本はわたしには書けないと自覚できる程度の客観性は持っているつもりだ。そのかわり、自分の立場から事件を描こうと思う。そして悲惨な災いを耐えるだけでなく、乗り越えたい。

この仕事には軽い気持ちで取りかかったわけではなかった。それまで法律にかかわる記事や小論以外書いたことがなかったからだ。また、個人的な反省を本にするという発想も、わたしの性格に反する。わたしは私生活を進んで他人に披露するような人間ではない。だから、ときどきわたしの文章が体験の強烈な印象を伝えていないのではないかと不安になった。拙《まず》い言い回しが誤解を招き、さらに攻撃されるのではないかと怖くなったこともある。しかし自由に語ることこそが、一九九一年の時点ではもちろん、執筆中の時点でも大切なことだ、とわたしは自分に言い聞かせた。もしわたしが怖《お》じ気づいて口を閉ざしたら、一九九一年にわたしを支えてくれた多くの人びとや、その後公の場で訴えようとしてきた人びとを裏切ることになる。一九九一年の「ヒル-トーマス公聴会」を境に、わたしたちセクシュアル・ハラスメントの被害者は沈黙を破り、自分の声で語りはじめたのではなかったか。ヘフリン民主党上院議員への返答と矛盾するが、わたしは書きはじめる決意をした。

二　「常軌を逸した公聴会」

バイデン民主党上院議員

十月十一日の朝はかなり早く目が覚めた。数時間後身支度をしていると、わたしの泊まっていたワシントンDCのキャピトル・ヒル・ホテルの部屋に、弁護団のソーニャ・ジャーヴィスとチャールズ・オーグルトリーが姿を現した。テレビでは「ヒル-トーマス公聴会」がはじまろうとしていた。バイデン民主党上院議員は開会演説の中でセクシュアル・ハラスメントやその他の性差別にかかわる虐待や暴行を非難した。

「セクシュアル・ハラスメントは深刻な問題です。この犯罪を犯した人は国家の最高裁判所での地位にふさわしくありませんし、政府内外のどんな要職にも就くべきではないでしょう」

バイデン民主党議員は少し間をおいてからさらに続けた。

「社会で働く女性に対するセクシュアル・ハラスメント問題は、国民的な関心事です」

しかし単にこのように公言したからといって、セクシュアル・ハラスメント問題が国民的関心事になるわけではない。ましてや、上院司法委員会の一部の議員たちの関心事となるはずはなかった。彼らの頭には、クラレンス・トーマスを連邦最高裁判事の椅子に付けることしかなかったのだから。

とはいえ、バイデン民主党議員のこの発言で、共和党は大きな賭に出ざるをえなくなった。バイデン民主党議員はセクシュアル・ハラスメントの加害者は連邦最高裁にふさわしくないと明言したのである。トーマスの支持者はトーマスがセクシュアル・ハラスメントの加害者ではないことを立証しなくてはならなくなった。そのためには、わたしが訴えているトーマスの行為がセクシュアル・ハラスメントに当たらないということを示すか、もしくはわたしが話をでっち上げていることを証明しなくてはならない。共和党議員たちは、ほとんど後者を目指した。公聴会前夜バイデン民主党議員が中立を守ろうと言いだすと、サーモンド共和党上院議員はあからさまに叫んだのである。

「トーマスは無罪だよ。われわれの役目はそれを証明することだ」

バイデン民主党議員が指摘したとおり、職場に蔓延《まんえん》するセクシュアル・ハラスメントは重大な社会問題だ。セクシュアル・ハラスメントが雇用上の差別であることは、雇用機会均等委員会（ＥＥＯＣ）

のセクシュアル・ハラスメントに関するガイドラインや判例法でも定義されている。セクシュアル・ハラスメントの訴えを起こすには、まずEEOCに差別があったことを申し立てる。するとEEOCは独自のガイドラインにしたがって事実関係を調べる。そしてセクシュアル・ハラスメントの事実が認められると、雇用者や個人を相手取って訴訟を起こすことができる。また、個人がセクシュアル・ハラスメントの訴えを起こす公式な許可書を発行することもできる。

セクシュアル・ハラスメントとは、この公聴会の二十年も前に公民権法第七編に規定されていた社会問題なのである。

だから、バイデン民主党議員がセクシュアル・ハラスメント問題を公然と非難したのはもっともだ。しかし、これから始まろうとしている公聴会がこの問題に注意を呼びかけるのに適している、と思い込んでいたとすればそれは大きな間違いだった。開会を知らせる委員長の小槌の音ですら、この公聴会の不備を鳴らしているように聞こえたくらいだから。

公聴会の性格

まず、委員会はセクシュアル・ハラスメントの訴えを評価するための経験も基準も持ち合わせていなかった。加えて、議論を進める規則もなかったために、公聴会が進む過程でその都度規則を作っていった。経験と正式な手続きなしに委員会が合理的な結論を導きだすのは困難だ。結局、委員会のメンバーは自分たちが理解できる唯一の考えに従った——党派主義である。

「セクシュアル・ハラスメントの訴えについて証言を聞くことが、委員会の目的です」

委員長のバイデン民主党議員はこう主張していた。ところが、その後に彼が明らかにした指針はこの主張からはずれたものだった。ＥＥＯＣはセクシュアル・ハラスメントの訴えを調査するための基準や、訴えを起こすための正当な理由を明確にしているが、彼はそのガイドラインにも、法廷でセクシュアル・ハラスメントの訴えを取り上げるための手続きにも、全く触れなかった。

バイデン民主党議員が開会演説で明らかにしたのは次のような方針だった。まず、通常の法廷で使われている証拠採否のための基準は、公聴会では適用されるべきではない。またトーマス判事の証言は常に「疑わしきは罰せず」の原則に基づいて判断される。

「トーマス判事、うそを吐いていると立証されない限り、あなたは真実を語っていると判断されます」

つまり、わたしがトーマス判事の証言に矛盾するような証言を行なった場合、彼の証言が常にわたしの証言より信憑性があると判断されるわけだ。ＥＥＯＣのガイドラインにはそのような判断基準はない。逆にこう主張している。被告原告双方は同等に信じられる人間であるという前提で議論は始められるべきである。そのバランスが傾くとすれば、双方が同席し、反論する機会を与えられている場合だけである。

バイデン民主党議員が言ったように、「これは常軌を逸した公聴会」だった。通常の法廷では法律を適用して、質問や発言を制限したり、質問者が証人と議論するのを防いだり、事件に無関係な証言を排除したりするものだが、この公聴会ではそうした法律は適用されないというのである。

証拠採否のための基準も情報を処理するための原則もないまま、審理は進められていった。やがてこの公聴会の判断基準や方針と公正さとの関係が明らかになっていく。上院議員たちがその都度作っていった規則は、公正さからほど遠いものだった。証言の初日から委員長のバイデン民主党議員はそうした傾向を目の当たりにして、ある文書についてわたしを呼んで聞いてきたほどだ。

「この文書を委員会に提出するかどうかは、何を基準に決めたらいいだろうか」

このときわたしはこの公聴会の破綻を予感したのである。

完全無欠のトーマス

共和党の古参議員サーモンドも開会演説で意見を述べた。彼もまたセクシュアル・ハラスメント問題を非難したが、簡単に触れた程度である。彼の演説の中心はどのような過程を経てトーマスが連邦最高裁判事に指名され、この承認投票に至ったかを、時間を追って説明することだった。彼は明らかにトーマスに傾倒していて、トーマス賛美を並べ立てた。

「トーマスを悪く言うことのできる人物など、いるはずがありませんよ」

彼はこう言ってのけた。ところが、後でトーマス自身がサーモンド共和党議員の言葉に矛盾する証言をすることになる。トーマスは連邦最高裁判事に指名されてからというもの、「ドラッグ中毒」「反ユダヤ主義者」「妻への暴行者」といった、実にさまざまな個人的中傷を受けたと証言しているからだ。それでもサーモンド共和党議員はわたしの訴えが与える影響を押さえ込もうと、トーマスに関するさまざまな否定的な証言を無視し、完全無欠なトーマス像を描き出した。

続けてサーモンド共和党議員はわたしの訴えを攻撃しはじめる。彼はわたしが承認投票の前日を

「殊更に選んで訴えを公表した」と責めた。こうした言い方は、わたしが進んでマスコミに情報を打ち明け、上院がそれを知ったのはマスコミが取り上げてからだ、という誤解を招いただろう。

ふたりの上院議員の開会演説は、この公聴会でなにが起ころうとしているかを鮮やかに映し出している。民主党議員であるバイデンは公正さや客観性という言葉を口にし、真実に至るために適切な方法を築いていきたいと語った。一方、共和党のサーモンド議員はトーマスの信頼を回復し、わたしの証言の信用を落とすという共和党の意図をまくし立てた。共和党はその目的を達成するために驀進《ばくしん》する。民主党は公聴会のあいだ公正さをアピールするばかりで、共和党の事実歪曲工作を無視した。彼らは立派な発言をわずかにした以外は、臆病《おくびょう》に近い態度を示していたのである。

民主党議員はわたしの訴えに対して中立を守ろうとしただけだったが、共和党議員はトーマスの行動すべてを弁護して、トーマスを守ろうとした。トーマスの「無実」の罪を晴らすだけでなく、トーマスは連邦最高裁判事のポストに最もふさわしいと訴えたかったのだろう。

テレビカメラが回りだすと上院議員たちは癇癪《かんしゃく》を爆発させる。礼節をかなぐり捨てて、規律を忘れたか、敢えて避けているような横行ぶりだった。その後の展開は秩序を無理に装った無法状態。辛うじて秩序と呼べたのは、委員会のメンバーを呼ぶ時に使われる敬称、規定の議事規則、そして進行時間だけだった。

「下品な訴え」

議事の進め方を巡って最初に利害が衝突したのは、金曜日の午前中、トーマスが証言しているときだった。共和党議員たちはわたしが九月二十三日に提出した供述書を、このトーマスの証言の場で記録に残そうとしたのである。わたしはまだ公聴会に出席してもいなかった。

バイデン民主党議員が発表していた予定とは違って、最初に証言することになったのはトーマスである。わたしはこの変更には同意したが、供述書をわたしが出席する前に公聴会に提出することは認めなかった。訴えの内容は漏洩《ろうえい》していたとはいえ、訴えはわたしのものであり、わたしが公聴会に出席した上で、自分自身で提出したいと考えていたのである。

まもなく上院議員たちは怒りを露わにした。「われわれの」トーマス承認過程が、政治的に無価値な女によって妨害されたというのである。彼らの態度はこう言っているようだった——セクシュアル・ハラスメント行為など身に覚えはないからわからないし、そもそもそんなことはどうでもいい。

トーマスが問題の行為を「全面否定」すると、ハッチ共和党上院議員はイライラしながら言った。

「供述書の提出を遅らせる決定をするとはなにごとですか？　公聴会に提出する書類について、これは持ち込んでもいいとか、持ち込むのはいつでなくてはいけないとか、いちいち指図を受けるつもりはありませんね」

ハッチ共和党議員にとって、公正とはその場その場で決めるのものらしい。この場合公正とは、「下品な訴え」から連邦最高裁判事候補を守ることだった。バイデン民主党議員が議事進行について検討するために委員会を休止したいと申し出ると、ハッチ共和党議員はその提案にも反対した。

「誰とは言いませんが、委員会の中に公聴会が始まると都合の悪い人たちがいるのでしょう。委員会のメンバーかスタッフの中に正直で高潔な人物がおられたなら、承認投票の前にこの問題は取り上げられ、上院秘密会を通して提出されていたでしょう。ところが、そのような方は誰もおられなかった。そして、委員会のメンバーかスタッフの誰かが、あのFBI（連邦捜査局）の報告書の内容を漏洩《ろうえい》したのです。皆様もご承知でしょう。FBIの報告書は、情報の性質から判断して、公衆の面前には絶対にさらしてはならないことになっているではありませんか。全くけしからん話です」

ハッチ共和党議員はわめき散らさんばかりの勢いで口走った。ボタンダウンシャツにダーク・スーツを決めた、冷静沈着ないつものハッチ上院議員は見る影もない。

ハッチ共和党議員が情報漏洩の事実を明るみに出したのは、巧みな戦略だった。おそらく公聴会やわたしの訴えから公衆の気を逸らせるのがねらいだったのだろう。さらに、マスコミへの情報漏洩を嘆きながらわたしの供述書とFBIの報告書の内容に触れ、自ら情報漏洩に加担した。具体的な内容にはいっさい触れずに、ふたつの文書のあいだの矛盾を指摘したのである。

まさに天才的だ。彼は二つの資料について、存在しないかもしれない矛盾、無視できるくらいの些細《ささい》な不一致、説明すればなんでもない相違を指摘し、その事実を証明するための書類が公開されていないから立証できないと主張したのである。こうして、わたしの信用は失われることになった。

ホテルの部屋でテレビ画面に映る公聴会の模様を眺めていたわたしは、あまりにばかげた光景にあきれ果てた。そして、証言を冷静に始められるだろうかと不安になった。ハッチ共和党議員の策略の意図は明らかだった。委員会や一般の人びとを脅して、わたしの訴えに対する否定的な見方を植え付けようというのである。

二　「常軌を逸した公聴会」

しかし、そのときわたしには公聴会の進め方に疑問を投げかける余裕がなかった。目の前の状況にかなりの衝撃を受けていたし、自分の置かれている立場を思うと気が気でなかったからだ。いっしょに開会の様子を見ていたオーグルトリーやジャーヴィスも、同じだったらしい。三人とも現実が信じられずに、唖然《あぜん》とするばかりだった。いつもは冷静なジャーヴィスですら、言葉を失ったほどである。

ハッチ共和党議員の抗議を受けて、委員会は公聴会の進め方について検討することになった。休会しているあいだに、委員長であるバイデン民主党議員がわたしに打診してきた。そして委員会が再開されると、こう発表した。

「ヒル教授は証言をするときに、供述書を上院に提出することに同意しました」

このことには前から合意していた。だがバイデン民主党議員はわたしが新たに同意したような言い方をしたのである。

バイデン民主党議員のこの発表を聞いてもハッチ共和党議員はまだ不服な様子で、ＦＢＩの報告書を提出させて委員会で討論するべきだと主張し、もしこの主張が通らなければ委員を辞職すると脅しをかけた。「候補者を公正に扱うためには」非公開の資料が公の場で討論されるべきだというのである。

初日にしてすでにこの公聴会は、バイデン民主党議員が指摘したとおり、「常軌を逸した公聴会」だった。

三　「どれだけ説明すればいいの?」

わたしをデートに誘ったんです

午前十一時、議事の進め方ついての抗論がようやくおさまり、わたしの家族がばらばらと入場すると、バイデン民主党議員はわたしに対する質疑応答を始めた。彼は三十分の持ち時間をわたしの経歴についての質問からはじめ、やがてトーマスが教育省やEEOCでとった行動についての具体的な内容に移っていった。

「トーマス判事があなたに対して、仕事上の関心以上の関心を示したとお考えになる、一番最初のころにさかのぼってください」

バイデン民主党議員はセクシュアル・ハラスメント問題に事務的に入っていった。

「それがいつのことだったか覚えていますか? そして、そのとき彼が何と言ったのか思い出せる範囲で詳しく話していただけませんか?」

「お昼時か勤務時間中、トーマス判事のオフィスにいたときのことですが、判事がとてもさりげない調子で、わたしをデートに誘ったんです……」

「それもあなたが訴えている一件に含まれるのですか?」

「はい。それからすべてが始まったのです……。わたしは誘いをお断りしました。そのときトーマス判事は、何と言いますか、デートしたくないとわたしが言う理由がわからない、というようなことを言いました……」

「トーマス判事があなたをデートに誘ったときにどう感じたか、委員会のメンバーに説明していただけませんか？　あなたはどう反応しましたか？」

あのときの気持ちはとても言葉になりそうになかった。だが、思い出そうとしてわき起こってくる感情は強烈だった。わたしはなんとか平静を装うようにした。

「わたしは少し驚きました。それまでトーマス判事とデートしたがっていると思わせるような素振りを見せた覚えは全くなかったからです。わたしたちはよい職場仲間でした。わたしたちの仲は誠実で非常に気持ちのよいものでした。ですから、判事がそれ以外の関係を望んでいるということを知って、わたしは驚いたのです」

「では、さらに踏み込んでお聞きしなくてはなりません。トーマス判事が上司だったときに、あなたに対してとったと主張されている行為について詳しく説明していただけませんか？　あなたはトーマス判事の行為が仕事としての通常の付き合いを越えていたために、いやな思いをしたと主張されるわけですが。こうしたことを話すのは難しいとは思いますが、お答えいただかなくてはならないことを、ご理解いただかなくてはなりません……」

わたしが昔の記憶をたどる衝撃を、少しでも和らげようとしたのだろうか。バイデン民主党議員は質問を変えた。

「あなたが委員会に提出した供述書の中で訴え、今こうして口頭で申し立て、ＦＢＩにも語ったトーマス判事の行為は、すべて職場であったことなのですか？」

「そうです……昼休みも職場での時間と考えるなら、すべて職場でありました」

新しい質問に感謝してわたしは答えた。

しかし、さらに詳しい内容に立ち入ることは避けられなかった。まもなくバイデン民主党議員は答えなくてはならない質問をした。

コカコーラの缶にまつわる一件

「あなたがわたしたちに説明してくださっている行為のうち、トーマス判事のオフィスであったことについて話していただけませんか？」

「特に思い出されるのは、コカコーラの缶にまつわる一件です。ＥＥＯＣのトーマス判事のオフィスであったことです」

「なにがあったのか、もう一度説明していただけませんか？」

「コカコーラの缶にまつわる一件をですか？」

ひょっとすると、あの胸の悪くなるような出来事を繰り返し説明しなくてもよくなるのではないかと期待して、わたしは聞き返した。すでにこのことは冒頭陳述で説明していた。

ところが、バイデン民主党議員は見逃してくれなかった。わたしがすでに述べている証言だけでは信用できないというのだろう。

「もう一度わたしに説明してください」

彼は半ば強要するように聞いてきた。

徐々になにかがみぞおちから上がってきて、胸のなかで広がると塊になった。

「トーマス判事がワークテーブルから自分のデスクに戻り、コカコーラの缶を見て言ったのです。『俺のコカコーラに陰毛を入れたのは誰だい?』」

一瞬わたしは二十五歳に戻り、トーマスのオフィスの真ん中に立っていた。それまでにさまざまな職場で多くの人たちといっしょに仕事をしていたが、そのような幼稚で汚らしい言葉を言われたことは一度としてなかった。あきれ果てるほどショックを受けて、わたしはただ頭を振るとオフィスから出ていった。ドアの向こうでするトーマスの笑い声を聞きながら。

しかし、回想は一瞬にして終った。バイデン民主党議員の次の質問がわたしを現実に引き戻した。目の前の現実は現実で、過去の出来事と同じくらい衝撃的だった。

「そのときオフィスに誰かいましたか?」

「いいえ」

「他にトーマス判事のオフィスであったことはありませんか?」

「少なくとも一つ思い出します。EEOCのオフィスで、トーマス判事はポルノグラフィーについて話し、ポルノグラフィーで扱われている内容についての話題を持ち出しました」

「繰り返しで申し訳ないのですが、言いにくいことだと思いますけれども、議事録のためですから……トーマス判事の言った内容とは何だったのですか?」

わたしは委員会のメンバーが望んでいると思われる詳細について思い出そうとした。

「それは非常に大きなペニスを持った個人についての言及で、ポルノグラフィーで用いられている名前を使って語られました――」

「トーマス判事が何と言ったか思い出せますか?」

「はい。判事が使った名前はロング・ドング・シルバー（訳注、R・L・スティーヴンソンの冒険小説『宝島』に登場する片足の海賊ロング・ジョン・シルバーのもじり。ドングはペニスの意）です」

ところが、あの出来事をこのように具体的に説明しても、委員会のメンバーは納得しようとしないのだ。バイデン民主党議員はさらに詳しく知りたがった。

「そのときあなたはどう感じましたか?」

わたしは気を取り直して答えた。

「わたしは侮辱されたように感じました。そして、トーマス判事に、直属の部下でもあるし、あなたとデートに行くのはよくないと思う、と言いました。たぶん、判事はわたしの『ノー』という返事を真剣に受け取ってはいませんでしたし、尊重もしていなかったと思います」


最も恥ずかしい思いをさせられたと感じられる点を話して下さい

これ以上どう言えば、権力の座にある人たちに、全く無力であるという気持ちを理解してもらえるのだろう。

「セックスについての会話のほうは、さらに不快で辱められたような気持ちにさせられました。この二つの事件が重なって、わたしの職場での立場が危うくなっていると思いました。

わたしはその職場を離れたくありませんでしたし、その仕事が好きでした。しかし、オフィスで起こっている別のことによって、快適な職場環境が危機にさらされていると感じたのです。わたしは非常に困り、思い悩みました」

わたしは懸命になって定義付けなどいらないくらい基本的な感情を説明しようとした。しかし、そうした感情は委員会のメンバーにとっては全くなじみのないもので、彼らにわかってもらうためには、すべてをくまなく説明する必要があった。

「あなたが訴えている出来事のなかで、最も恥ずかしい思いをさせられたと感じるものを話してください」

心の奥ではわたしはわかっていた。いくら詳しく説明しても、結局相手はわたしがトーマスの言葉に過剰反応しているとしか考えてくれないのだ。バイデン民主党議員ですら、わたしが不服としている行為は罪とはいえないと考えていたかもしれない。しかし、詳しい説明をくり返し求められる理由がわかったからといって、説明するのが楽になるわけではない。それでも自分の目的を胸に秘めて、わたしは懸命になってさらに詳しく行為を説明していった。

「最も辱められたような思いをさせられたのは、胸の大きな女性が複数の人や動物とさまざまなセックスをするポルノグラフィーについて、判事が話したときです。それが最もわたしが不快に思い、辱められたように感じたことです」

「できれば、トーマス判事の使った言葉で、つまり、あなたの言葉ではなくて、判事が実際使った言葉で、そのとき判事が何と言ったか話していただけませんか？」

バイデン民主党議員はさらに具体的な内容を要求した。

「聞かせてください……もう一度……最も辱められたと感じたのは……わたしたちが判断するために……」

公聴会はまだはじまったばかりだったが、すでにわたしは自問しはじめていた。

「何度説明したらいいの？　どれだけ詳しく話せばわかってくれるの？　どれだけ下品な言葉を使えばいいというの？　わたしに何が起こったかをわかってもらうために、どれだけいやな思いをしなければならないの？」

その日の終わりにはわたしは悟っていた。どんなに詳しく説明しても委員会のメンバーは満足しないのだ。だがその日の質疑応答の間、わたしは一度として引き下がろうと思ったことはなかった。

四　「女性の大きな胸」は悪くない

「わたしは事実を見いだしたい」


「わたしの持ち時間は、これで終わりです」

バイデン民主党議員は正午近くになって言った。

「ところで議事録のために断っておきますが、わたしたちは三十分ごとに交替で質問をすることに同意しています」

これは初耳だった。要するに民主党と共和党が交互に質問することになっていたらしい。

「ペンシルバニア州から来られた、スペクター上院議員にお譲りしたいと思います」

バイデン民主党議員は持ち時間をこう締めくくり、スペクター共和党議員がわたしと三十分間「対話」するために準備に入った。

まず、スペクター共和党議員は確認した。

「わたしは事実を見いだしたいと思っているだけです」

スペクター共和党議員はトーマスを支持する声明を発表していた。だから、彼がこの公聴会を「敵対的な訴訟」とは考えていないと言ったので、わたしはほっとした。そして、彼が事件に対する当初の態度を改め、「合衆国憲法と憲法による政府に対する義務を遂行する」という自分の使命に目覚めてくれるのではないかと期待すらした。

以前、この公聴会を開くかどうかもめて党派主義が席巻《せっけん》したとき、そうした状況を目の当たりにしたスペクター共和党議員は、弁護士であった経験から悟ったのではないか。連邦最高裁判事承認に比べて党派主義がいかにくだらないものであるかを。

しかし、まもなくスペクター共和党議員が政治的な利害を乗り越える望みは粉砕する。彼の質問は最初から紛れもなく検察官を思わせるものだったからだ。彼は慣れた調子で反対尋問の技術を駆使した。セクシュアル・ハラスメントの訴訟ではおなじみのものだ。トーマスの行為に対するわたしの反応をからかい、わたしが神経質であるかのようにほのめかしたのである。彼はわたしの証言が誤解されるような言い方すらした。

「ヒル教授、いやな思いをなさっているのはよくわかりますし、わたしはその苦痛をさらにひどくしたいとは思いません」

彼の心配しているような口調は、すぐに恩着せがましくなった。

「あなたは今朝、バイデン上院議員の質問に答えられたとき、最も恥ずかしい思いをさせられたのは『女性の大きな胸』について聞かれたときでしたね。しかし、『女性の大きな胸』というのは、それほどひどい言い方でしょうか。この言葉はわたしたちがふつうに使っている言葉ではありませんか。これがトーマス判事があなたに言ったことのなかで、最も恥ずかしい部分なのですか？」

「違います。最も恥ずかしい思いをさせられたのは、そうした女性たちが行為をする様子を判事が描写した部分です。そうした特定の人たちがする特定の行為の描写です。胸がどうのということだけではありません。そうした映画のなかで、そうした特徴の人たちがする行為を判事がくり返し話したことです。そうした肉体的な特徴を持った人たちの行為の描写です」

わたしは怒りをやっとのことで抑えた。上司が獣姦について目の前で話すという屈辱的なわたしの体験を、スペクター共和党議員は「それほどひどい言い方ではない」という言葉で片づけてしまったのである。おまけに、この不快きわまりない出来事の印象をわざわざ「胸」という言葉を使うことによって和らげた。わたしがすでに詳細な性的表現を使って事件を語っていたにもかかわらず、スペクター共和党議員はほとんど性的な表現を使おうとしなかった。トーマスの使った表現は、単に肉体の細かな部位を口にしたという程度のものではない。軽蔑に値するほど細部にわたる性的な表現だった。

だから、わたしはそのとおり証言した。それなのに、スペクター共和党議員はグラフィックな表現のかわりに「胸」という無害な言葉に焦点を当て、わたしが過剰反応していると暗に示そうとしたのである。

セクハラの訴えをおこすと

自分の胸のサイズについて不愉快に思った経験のある女性なら、だれでもわかっているはずだ。この「胸」という言葉ですら、女性を辱め、おとしめる目的で使われることを。

侮蔑的であからさまな性描写を避けることによって、トーマスや彼の行為から関心をそらせ、わたしやわたしの不快指数を滑稽《こっけい》に描き出す。これがスペクター共和党議員の目的だった。セクシュアル・ハラスメントの訴えは大抵こうした扱いを受けるものだ。

「ごく普通の大人の会話もままならない馬鹿な気取り屋」

これがわたしに対するひやかしだった。しかし、仮にスペクター共和党議員がわたしの証言を正確に報告していたとしても、わたしの体験を「それほどひどい言い方ではない」といって片づけた態度には納得できない。胸について言及するだけでも、女性をおとしめることになるからだ。そして職場の上司が女性の胸や胸のサイズについて頻繁に口にするというのは、さらに女性を傷つけることになるだろう。女性の「胸」という言葉は「ひどい言い方ではない」とスペクター共和党議員が考えているなら、彼の目は節穴だ。そもそも職場は女性が自分や他の女性の肉体の細部について話し合う場所ではない。話題が性的なときは、なおさらである。

「わたしは事実を見いだしたいと思っているだけです」

スペクター共和党議員はこう言っていたはずだ。だが彼の口調や質問の内容は、民主党の委員会メンバーとはずいぶん違ったものだった。やがてスペクター共和党議員はわたしの供述書と証言の矛盾を探しはじめる。

バイデン民主党議員の質問は恥ずかしくてなかなか答えられないような内容のものだった。その日の後半に質問に立ったハウエル・ヘフリン民主党議員やパトリック・レーヒー民主党議員も、告訴の内容や公の場に出てきた動機について、同じように不躾《ぶしつけ》な質問を繰り返した。

これに反して、スペクター共和党議員の質問の趣旨は、彼らの質問と全く異なっていた。わたしの供述書の詳細と他人の証言とを一致させようとするものが、ほとんどだったからだ。彼が引用した証言は、どれもわたしが直接見聞きしたものではなかった。それでもスペクター共和党議員は質問の順番が回ってくると、数々の非公式な証言に対してどう思うかとわたしに聞いてきた。そうしたコメントを言っているとされた人たちはすべて、のちにトーマスに有利な証人として公聴会に現れることになる。しかしわたしはそのうちの誰とも、もう何年も話していなかった。

質問の狙い

こうした質問が共和党にとって有利な点が二つある。まず、宣誓によって保証されたわけでも、憶測以上に確かなわけでもないのに、わたしの人物を否定的に語った証言を議事録に残すことができる。第二に、そうした証言をあらかじめわたしに知らせる義務がないので、証言についての状況や背景を知らないまま、わたしを自己弁護に当たらせることができる。

「十月七日付ニューヨークタイムズ紙に掲載された、フィリス・ベリーの証言についての質問です。インタビューでベリーさんはあなたの訴えに触れてこう言っています。『ヒルさんが訴えを起こしたのは、トーマス判事から性的な関心を持たれなくて不服だったからでしょう』」

スペクター共和党議員はミズ・ベリーの言葉を読み上げ記録させた。あたかもその言葉が記録される正当な理由を確立したかのように。

「あなたは十月九日のインタビューでベリーさんについて聞かれたときに『さあ、ベリーさんのことは知りませんし、彼女もわたしを知らないと思います』と答えていますね。ところが、少なからぬ人があなたとベリーさんがいっしょにいるところを目撃していて、ふたりは親しい間柄だと証言しています」

スペクター共和党議員は今度も文脈を無視して、わたしの言葉を引用した。

「それは違います。確かにベリーさんがEEOCで働いているのは知っています。EEOCで職員会議に出席したりしていました。でも、わたしたちは親しい友人ではありません。職場以外の付き合いは全くないのです。ですから、わたしの仕事以外の人間関係について、彼女が意見を述べることができるはずはありません。わたしの関心の相手がクラレンス・トーマス判事であれ、それ以外の人であれ、その事実に変わりはありません」

わたしはミズ・ベリーの証言がまったくの事実無根であるというだけでなく、彼女にはそうしたコメントを述べうる理由が少しもないということをわかってもらおうとした。事実、ミズ・ベリーは証言する段になって、わたしの個人的な関心について意見を述べうる根拠が自分にはないことを暴露する。日曜日に公聴会に招かれたとき、わたしについて「取っつきにくくて近寄りがたかった」と証言したからだ。

十月七日の記者会見でミズ・ベリーについて聞かれたとき、わたしは誰のことを言っているのかはっきり思い出せなかった。かろうじておぼろげに名前が思い浮かんだだけだ。わたしは彼女の言葉が重視されているとは知らずに、いささかいい加減に答えていた。わたしの個人的な知人なら誰だって、わたしがクラレンス・トーマスに性的な関心を抱いていると主張するはずはない。ましてや、彼が振り向いてくれなかったから、わたしが欲求不満になっていたなどと言うはずはなかった。

フィリス・ベリーは職場がたまたま同じであるという以上の知人ではない。そして実際公聴会で問いつめられたとき、ベリーですら、わたしがトーマスに恋愛感情を抱いていたという結論を導き出せるような言葉を、何一つ言っていないのだ。

スペクター共和党議員は「少なからぬ人」が「ふたりは親しい間柄だ」という証言に対してわたしの意見を求めただけでなく、ミズ・ベリーのばかばかしいコメントにも答えるように要求した。その一方で、ベリーがそもそも公聴会で意見を述べる権利を持っていないという事実には、注意を向けさせないようにしたのである。スペクター共和党議員は相変わらず非公式のコメントをもとに質問をし続けた。宣誓した証言のみが提出されるべき公式の討論会で「真実を見いだす」には、本質的にふさわしくない方法だ。他のセクシュアル・ハラスメントの被害者と同じように、わたしも憶測による非難の攻撃の的だった。

トーマスを指名候補から辞退させるために？

その後、スペクター共和党議員はUSA・トゥデー紙に掲載されたコメントについて聞いてきた。

「ヒル教授、十月九日付USA・トゥデー紙の記事にこう書かれています。『アニタ・ヒルは上院のスタッフにこう示唆されていたのだ。クラレンス・トーマス判事からセクシュアル・ハラスメントの被害を受けたと宣誓供述書にサインして主張すれば、「事を表に出さずに」トーマス判事を指名候補から辞退させることができる』。この件について、USA・トゥデー紙は正しいと認めますか？　この記事の内容はあなたの十年来の友人、キース・ヘンダーソン氏から入手したということになっていますが。彼は以前、上院司法委員会のスタッフでしたね」

「さあ、覚えがないのですが。そんなことをわたしが言ったんですか？　その記事の内容では誰が何を言ったのか、よくわかりません」

わたしは質問の意味と引用の内容に困惑していた。

スペクター共和党議員の言い方は混乱を招くものだ。彼が聞きたいのは、ヘンダーソンがUSA・トゥデー紙に証言したかどうかということなのか、それともわたしがヘンダーソンにそういうことを言ったかどうかということなのか、それとも上院のスタッフがそういうことをヘンダーソンかわたしに言ったかどうかということなのか、はっきりしない。

ヘンダーソンはワシントンDCにいた頃からの知人だ。政治や政策については意見の違いがあったが、彼はわたしにとって親友と言ってもいい存在だ。キースはわたしと同じくらいの年齢の白人で、南部で育ったせいか、人種差別問題に深い関心を示している。

上院に供述書を送った後、わたしはキース・ヘンダーソンに委員会が供述書を受理したかどうか調べてもらえないかと頼んだことはある。彼は議会での職務経験があり、信用できると思ったからだ。セクシュアル・ハラスメントの訴えについて具体的に助言して欲しいとか、連邦最高裁判事の承認過程について教えて欲しいと頼んだわけではない。委員会に書類を提出する手続きについて聞いただけだ。USA・トゥデー紙の記事が掲載しているような内容については、何も言った覚えはない。

司法裁判所では新聞記事は三重の意味で「伝聞証拠」の域を出ないとされている。問題の記事の言わんとするところは、上院がわたしに言ったと、ヘンダーソンが言っていると、新聞記事は言っているということだ。たとえわたしが上院のスタッフにこれこれと言われたと証言したとしても、「伝聞証拠」と同等の扱いを受けていただろう。わたしはこれこれの内容を言った本人ではないのだから、単にこれこれと言った人がそのようにわたしに言ったということを証言しているにすぎない。仮に新聞が記事の内容をわたしの言ったこととして掲載していたとしても、それは他の新聞記事同様、「伝聞証拠」でしかない。「他人が『わたしがこれこれと言った』と言ったこと」を書いているにすぎないからだ。

一般に法律上は、「伝聞証拠」は事実とはみなされない。特別の場合に認められるだけだ。法廷では、ある内容の証言を得るには、その証言を聞いた人に証言させるのではなくて、その内容の証言をしてくれると考えられる当人に出廷してもらって、証言させるものなのである。

議事録に記録を残す作業

にもかかわらず、スペクター共和党議員は質問の意味を説明することも、言いたいことをはっきりさせることもせずに、記事の記述をもう一度読み上げ、議事録にしっかりと記録されるようにした。そして、その情報がわたしのまったく知らない伝聞であり、出所を直接言った当人に確かめることができないという事実は無視したのである。

「さて、先に進めましょう。ヒル女史の十年来の友人で、元上院司法委員会のスタッフだったキース・ヘンダーソンの証言によると、ヒル女史は上院のスタッフからこう言われていたというのです。『訴えは内密に処理され、あなたの名前が公にされることはない』」

スペクター共和党議員はまたもやその場ででっち上げたコメントを、まるで関連証拠として効力を持つとでも言うように議事録に記録させた。

そして、ヘンダーソンが言ったとされる内容をつづけた。

「『スタッフがトーマス判事に接触して訴えの内容を伝えれば、トーマス判事は辞退するだろうから、大事にはならないでしょう』。こう言われていたとヘンダーソンは証言しているのです」

そして、宣誓していない証言を議事録に残すという作業の仕上げに、スペクター共和党議員は質問した。

「供述書を提出すれば、トーマス判事が指名候補を辞退するように働きかけることになると、あなたに誰かが言ったことはありませんか?」

「供述書が誰かに対して働きかけることになるという内容のことを、誰かと話した覚えはまったくありません」

「では、そうした内容に関係したことを、言われたことはありませんか?」

スペクター共和党議員はなにがなんでも欲しい答えをわたしから引き出そうという構えだった。

「わたしの供述書をトーマス判事に見せることには同意しました」

「では、このように深刻な内容の供述書が指名候補を辞退させる引き金になると、ほんのわずかでもほのめかされたことはありませんか? そしてその結果、あなたは名前を表に出す必要はないし、このように証人席で証言することもないというようなことを言われませんでしたか?」

わたしはすでにスペクター共和党議員の誘導尋問に疲れ果てていた。彼の質問は根も葉もないコメントに由来しているばかりでなく、言っていることがころころと変わった。

「まったく覚えがありません。トーマス判事が辞退するように働きかけることになるというような内容のことは、まったく言われていません」

わたしはもともとスペクター共和党議員が聞いていた質問にあくまで答えようとした。

「一連の事がはじまったのは九月上旬のことで、それからほんの一ヵ月かしか経っていないではありませんか」

スペクター共和党議員はもはや質問しているというより、言い争いでもしているような口調になった。そして、スタッフとわたしとのあいだに彼が求めている内容の会話が交わされたということを示そうとするだけでなく、わたしがそのことを覚えているかどうかという部分を攻撃しはじめたのだ。

「それはそのとおりです」

誠実な質問と信じて

わたしがスペクター共和党議員の意図を十分把握していたなら、彼が求める会話を思い出せない理由を言って聞かせていただろう。わたしは馬鹿だった。表面はどうであれ、心の奥ではスペクターも誠実さを失っていないはずだと信じていたのだから。しかしそんなものはもともと彼の心にはなかったのである。

「あなたが覚えがないとおっしゃるので、あなたの記憶の中を探らなければならないようです。この重大な問題を取り上げるには、あなたが話した上院のスタッフとは誰なのかを明らかにすることから始めるのがいいのかもしれません。しかしわたしの持ち時間もあと数分で終わってしまいますから、もう一度あなたにお聞きします……」

「これまで申し上げた以上のことを、申し上げることはできません。わたしは供述書を上院司法委員会に提出する以外に方法はないかということや、わたしの書いた宣誓供述書がどう扱われるのかということについては話しました。わたしたちは上院司法委員会がさらに詳しい内容を聞いてくるかもしれないというようなことも話しました。FBIに訴えるという可能性も話しました。FBIに行って手続きについて聞いてきてくれないかと頼んだのです。

個々の上院議員からの質問を集めて欲しいとも頼みました。でもあなたがおっしゃっているようなことを話した覚えはありません」

スペクター共和党議員はそれでも満足せず、質問を続けた。

「あなたは上院がさらに詳しい内容を聞いてくるとか、ＦＢＩがさらに詳しい内容を聞いてくるとか、上院議員が個々にさらに詳しい内容を聞いてくるとかいう話はしたが、そのことはトーマス判事が指名候補から辞退することとなんのかかわりもないとおっしゃいます。ところで、数分前、トーマス判事が辞退する可能性についてわたしの質問に答えられたとき、あるスタッフと会話したとおっしゃいましたが、わたしが申し上げているような文脈でそのスタッフとの間に話があったかどうか、是非お聞きしたいのです、ヒル教授。あなたは十年前にあった事については、ずいぶん具体的に証言なさっていました。わたしはほんのひと月前に起こったことについて、覚えがないかとお聞きしているのです」

「ええ、確かに十年前のことについてはさきほど具体的に証言しました。でもあなたがおっしゃるような言葉はまったく覚えがありません……一つ付け加えてよろしいでしょうか？」

「どうぞ」

スペクター共和党議員はすでにイライラしていた。

「あなたがおっしゃっている会話とわたしが思い出せる会話とは全く性質が違っています。わたしが思い出せる会話はずっと鮮明な印象を与えるものです。もっと明らさまな表現を使ったものです。数日前から上院のスタッフと交わした会話は、いまでははっきりとは思い出せません。それに対して、わたしが具体的に証言できた出来事は、起こってから八年も経っているのに、まざまざと甦《よみがえ》ってくるのです。上院のスタッフと交わした電話での会話とは比べものにならないくらい、鮮やかに脳裏に焼きついているのです。八年前の会話は顔と顔をつきあわせた個人的な会話で、おかげで簡単に思い出すことができるのでしょう。そのころのことでも、どういう言葉だったかよくは思い出せないものもありますが、ここで証言した言葉ははっきりと思い出せるのです」

「ランチ・タイムの間、わたしの質問をすこしでも明らかにしてくれるような答えが見つからないか、もう少しお考えください。なにしろ、これは重要な問題ですからね」

質問の答えを明らかにしたいなら、わたしと話した上院のスタッフを呼んで証言させるのが一番だ。だが、スペクターはそういう提案は全くしなかった。上院のスタッフを呼び立てるなど、出すぎた行為だとでもいうのだろうか。おそらく、スペクター共和党議員にはわかっていたのだろう。わたしが質問されているような仕方でスタッフを問いただしたら、上院議員の怒りを買うことになるはずだと。

報道関係者の存在

スペクター共和党議員が客観的な態度を装っていたのもつかの間、口調はすぐに取り調べでもするようになった。それはおそらくわたしに向けられているというよりは、テレビでの映像効果をねらっていたのだろう。わたしにもようやく報道関係者の存在を考える余裕が出てきたのである。マスコミにさらされるというのはプライバシーを侵害されているには違いないが、その反面、安心感も与えてくれた。全米の放送ネットワークで証言するのがうれしかったわけではない。上院議員たちが聴衆の目を気にして、責めと非難の手をゆるめてくれるのではないかと考えたのである。だが、報道関係者のまなざしに、わたしに対する同情はかけらもなかった。彼らは取材のためにいるだけだった。そのうえ、まぶしい照明やカメラ、大勢の報道関係者が、わたしを心細い思いにした。

時計は午後一時十分を回った。証言を始めて二時間が経ち、やっと休息時間となった。

五　ペテン師呼ばわり

党派間の争いに

午後二時十五分に公聴会が再開されると、ヘフリン民主党議員はUSA・トゥデー紙のキース・ヘンダーソンのインタビュー記事を蒸し返した。

「さて、ヘンダーソンとの会話についてですが、そのときあなたは、事を前に進めて宣誓供述書にサインすれば、(トーマス判事は)辞退するかもしれないと上院のスタッフに言われたと、ヘンダーソンに話しませんでしたか?」

ヘフリン民主党議員は落ち着いた口調で自信たっぷりに言った。その質問の仕方は訴訟用語でいう「再直接尋問」に似ていた。つまり、わたしが午前中にした証言を、もう一度確認しながら明確にしていこうというのだ。

「いいえ、ヘンダーソンにそんなことは言っていません」

例の新聞記事について直接答えられる質問がなされたので、わたしはほっとしながら答えた。

「では、そうしたことがちょっと話に出たとか、そうしたことに関係することが軽くほのめかされていたといったことを、ヘンダーソンに話しましたか?」

「いいえ、話しません」

「キース・ヘンダーソンが上院司法委員会のスタッフのだれかと話をしたかどうか知っていますか?」

「ヘンダーソンが上院司法委員会のスタッフのだれかと話をしたかどうかはわかりません」

「では、キース・ヘンダーソンと上院司法委員会のスタッフが宣誓供述書や、その供述書がもたらしうる結果について話し合ったかどうか知っていますか? 供述書がもたらしうる結果のなかには、クラレンス・トーマス判事が指名候補を辞退するという可能性も含まれているとしてですが」

「ふたりはそういうことを話し合ったかもしれません。ですが、わたしはキース・ヘンダーソンとそのことについて話したことはありません」

この答えでこの問題についての質疑応答は終わるだろうとわたしは考えていた。実際わたしは上院のスタッフがヘンダーソンに何を言ったのか、また、ヘンダーソンがスタッフに何を言ったのか、全く知らなかった。確実にわかっていたのは、上院のスタッフはわたしの供述書のせいでトーマスが指名候補を辞退するなどという期待は、まったく持たせなかったということだ。

あとから、スペクター共和党議員はヘフリン民主党議員と同じところを突いてきた。スペクター共和党議員とのやりとりのなかで、訴えを起こした後の手続きについて話すときに、トーマスが辞退する可能性については話し合われたかもしれないとわたしは言ってしまった。この譲歩は愚かだった。そもそも、トーマスの辞退について話し合われたかもしれないと確かに考えていたわけではなかったし、どんな譲歩も、共和党がわたしに不利なように利用するに違いなかったのだから。

上院のスタッフと話し合った時点では、その後事態がどうなっていくのか、誰にも全くわからない状況だった。九月二十三日に供述書を上院に提出したとき、上院のスタッフがこの供述書の処理方法についてきちんとした知識を持っているかどうかすら、怪しかった。トーマスがどう反応するかということは、なおさらわからなかったわけだ。しかし、スペクター共和党議員はさらに矛盾をつこうと質問してきた。

「(メッツェンバウム民主党上院議員のスタッフである)ブラッドニー氏が次のようなことを言ったということを認めますか？　あなたが公の場に出て、トーマス判事との間にあったとあなたが主張されるようなことが実際あったと証言すれば、トーマス判事は指名候補を辞退するかもしれないと」

「わたしはスタッフと話しているとき、わたしの提出した情報がどう利用されるか、理解しようとしました。また、何をしなくてはいけないのか、情報が利用されたときにどういう結果がもたらされるのかということを知ろうとしました。わたしたちはいくつかの可能性について話し合いました。でも、わたしがこのような訴えをしただけで、候補者が指名を辞退するかもしれないということは、まったく話していません。誰もそんなことは言いませんでした し、誰かがそのようなことを言ったということをわたしも言いませんでした」

スペクター共和党議員とわたしのあいだに緊迫した空気が漂った。議事進行が完全に崩壊してしまうのではないかと思えるくらいだった。スペクターは同じ質問をくり返し、欲しい答えを引き出そうとした。上院のスタッフはトーマスが辞退するだろうという約束をしてわたしに話を持ちかけたと、あくまでもわたしに言わせようとしたのである。トーマスの辞退が会話の中で触れられたかもしれないとわたしが認めたあとも、スペクター共和党議員はいっそう奮い立つだけだった。

ふさわしい質問は

ここが司法裁判所だったら、スペクター共和党議員の質問は制限を受けていただろう。法廷では、一度答えが返ってきた質問を繰り返してはならないし、質問者が口論するように質問したり、質問で証人を困らせたりしていると、注意してやめさせるのが普通だからだ。しかし、バイデン民主党議員が最初に言ったように、ここは法廷ではなかった。彼が委員長の権限を使って質問を制限することはほとんどなかったのである。

やがてスペクター共和党議員はカンザス・シティー・スター紙の記者にわたしが言ったことについて質問してきた。そのとき、彼の意図がいっそう明らかになる。わたしの話に矛盾を見つけられれば、それでよかったのだ。

『トーマス判事はもっとよい連邦最高裁判事になっていただろう』、というのは、ふつうはトーマス判事は連邦最高裁判事というキャリアにふさわしかったということですよね」

「さあ、わたしはそういう意味で言ったつもりはありません。記者の方には、できるだけ客観的にトーマス判事を評価して、お話ししたいと思いました。ですから、わたしが当時知っていたトーマス判事の個人的な情報を、考えに入れずにお話しました」

スペクター共和党議員に対して、もはやいかなる譲歩もするつもりはなかった。

「ということは、結局、カンザス・シティー・スター紙に話した時点では、トーマス判事は連邦最高裁判事になってもよいと考えられる時期があったと、あなたは言ったのですね？」

わたしの考えをこの男に説明しても無駄だった。彼はわたしの言うことなら、なんでも疑ってかかった。取るに足らない答えですら、彼には疑念の材料となるのである。

「いいえ、違います」

わたしはそれ以上何も言うつもりはなかった。スペクター共和党議員の手練手管には飽き飽きしていた。二十秒ほどの沈黙が訪れた。おそらくその日一番長い沈黙だったろう。二人とも口を利こうとしなかった。沈黙は手で触れられるほど濃密だった。会場はやっとわたしが自分について説明するのに適した雰囲気になってきたようだった。だが、わたしはすでに疲れ切っていた。

ついに、スペクター共和党議員が沈黙を破った。

「八月にカンザス・シティー・スター紙のインタビューに答えたとき、トーマス判事の連邦最高裁判事としての資質について、あなたはどんなことを言ったのですか？」

スペクター共和党議員ははじめて、わたしが言ったとされることを持ち出すのではなく、わたしが実際に何を言っていたのかと聞いてきた。

「トーマス判事はイデオロギーに凝り固まっていて、具体的な事件について個々に判断を下すことはできないだろうと記者の方が指摘しました。そこでわたしは判事がイデオロギーの塊かどうかということについて答えました。いまでは、まさにトーマス判事こそイデオロギーの塊そのものであると思っていますが、その時点ではまだわかっていませんでした」

スペクター共和党議員が自由に答えられる質問をしてくれたおかげで、わたしは自分の考えを説明することができた。こうした質問は信用できる証人から情報を引き出すために用いられる。敵対関係が存在せず、事実を見つけだすのが目的である公聴会では、こうしたタイプの質問こそふさわしい。結論を想定せずに、より多くの情報を交換できるからだ。これは、先ほどの根比べのささやかな戦利品と言えるだろう。

ペテン師の証言だから全て嘘

スペクター共和党議員がUSA・トゥデー紙の記事について質問したのは、メッツェンバウム民主党議員のスタッフであるジム・ブラッドニーを攻撃するためだった。スペクターはわたしにこう言わせようとしていたのである。

「サインして宣誓供述書を提出すればトーマス判事が指名候補を辞退するだろうとブラッドニーが請け合った」

となれば、わたしの訴えはハッチ共和党議員のでっち上げた理論どおり、指名候補承認を妨害しようという民主党のたくらみの一部ということになる。国民がわたしの訴えについての公聴会を開くことを要求したとき、ハッチ共和党議員はメッツェンバウム民主党議員がFBIの報告書をマスコミに流したといって糾弾した。ハッチ共和党議員は何も証拠を挙げていないし、メッツェンバウム民主党議員はその嫌疑を否定しているにもかかわらず、スペクター共和党議員はハッチ共和党議員の路線をさらに押し進めようとした。つまり、ジム・ブラッドニーに言いくるめられてわたしが訴えを起こしたという、途方もない理論を裏付けようとしたのである。

結局、スペクター共和党議員は民主党による陰謀を裏付ける確たる証言を得ることができなかった。そこで、今度は別な方法でUSA・トゥデー紙の記事を利用しようと企て、質問しはじめた。これは翌日展開される、わたしへの攻撃の足慣らしだった。翌日わたしの証言は「全くのペテン」といって、責められることになるからだ。この攻撃には根拠がなかったが、スペクター共和党議員が攻撃をくりひろげたとき、わたしは証人席にいなかったから、反論できなかった。それでも、スペクター共和党議員の非難はマスコミに掲載されたのである。共和党はこう言いたげだった。「さっきの根比べでは勝ちを譲ったが、レトリックの場では依然としてわれわれが優勢なのだ」

新聞の見出しはこうである。

「スペクター上院議員、ヒルを正真正銘のペテン師と糾弾」。

記事の中身を読まなくても、スペクターがわたしをうそつき呼ばわりしているのは明らかだ。

「ペテン師なら、証言もみなうそに決まっている」

スペクターは国民がこう考えるようにし向けたのである。トーマスを連邦最高裁判事にふさわしい人物であると考えてくれさえすれば、国民がわたしのことをどう思おうとかまわないというのだろう。

六　ジョン・ドジットの似非《えせ》心理学

委員会に提出を認められた資料

午後もスペクター共和党議員が質問を続けた。彼はクラレンス・トーマスのロースクール時代の友人であるジョン・ドジットの宣誓供述書を公聴会に持ち込んだ。ドジットにはワシントンＤＣにいたときに会ったことがある。

公聴会の冒頭でバイデン民主党議員は明言していた。

「ある種の事柄はセクシュアル・ハラスメント問題に関係がありません。たとえば、プライベートな時間での行動、職場を離れた人間関係、個人的な生活スタイルや習慣は、トーマス判事やヒル教授、その他いかなる証人のものでも、審理には一切関係ないことです」

共和党はこの規則をトーマスの個人情報を守るために利用した。トーマスには頻繁にポルノ映画を見て、その内容を友人や同僚に事細かに話す習慣があったからだ。しかし、委員会は自分たちに都合のいいときはいつでも規則の適用をはずした。わたしの個人的な交際についてのでっち上げられた情報については、無制限に委員会への提出を認めたのである。

おそらく、バイデン民主党議員が述べた関連性の法則を破ったもっともよい例が、ジョン・ドジットの宣誓供述書と証言だろう。そして、ドジットが証言しているあいだほど、メッツェンバウム民主党議員の「あらゆる宣誓供述書が委員会に提出されなければならない」という注意が守られたこともない。スペクター共和党議員は邪悪で不道徳なこの供述書が公聴会の議事録に記録されるべきかどうかを問う必要はないと主張した。供述書の内容は委員会のメンバー全員が目を通す許可を得る前に、すでに大統領をはじめ、マスコミや国民のあいだにばらまかれていたというのである。

スペクター共和党議員は早速ドジットの供述書について質問してきたが、わたしはまだ一度もその内容を見せてもらっていなかった。だが、ドジットが供述書の中で、クラレンス・トーマスの部下だったころのわたしの精神状態について理論を提示しているらしいことがわかった。ドジットの精神分析家としての資格は疑わしかった。それでも上院議員たちは彼の報告を公開したばかりでなく、わたしにその説明を求めたのである。ドジットがたった二つの会話をもとに理論を捏造《ねつぞう》していたという事実は衝撃的だ。公聴会に提出する証拠の有効性と関連性についてバイデン民主党議員が語った法則は、もはや窓から投げ捨てられたも同然だった。

ドジットの理論の骨子は次のようなものである。

アニタ・ヒルは男性との間に恋愛関係を夢想するという問題を抱えており、ドジットとの間にもそうした関係を夢想していた。彼女がトーマスを訴えたのはこの夢想癖が原因にちがいなく、精神不安定と診断できる彼女の精神状態のせいで連邦最高裁判事承認を担当する上院のスタッフに宣誓供述書を送ったのである。

共和党の心理学

ドジットの理論付けは欠陥だらけだった。おまけにレジュメを見ながら読み上げられた細々とした記述には、精神分析の専門知識らしい言及は少しもなかった。その上、自分の魅力についての自己評価は全く客観性に欠けていた。

「女性なら誰だって、わたしの魅力に打ち勝てるはずがありません」

ドジットは自分を評してこう言ってのけた。そして、その「事実」は後ろに座っていた彼の奥方が立証しているというのだ。

ダンフォース共和党議員とスペクター共和党議員はわたしが色情狂であるという主張の論拠として、そそくさとドジットの理論に飛びついた。しかし、ドジット自身に偏執的色情狂の疑いがあるという点については、いっさい触れなかった。ある記者は偏執的色情狂をこう定義している。

「男性に見られる妄想の一種。魅力的な女性が自分に対して恋愛感情を抱いていると幻想する病」

共和党の心理学の基準を適用して委員会が詳細に調べるまでもなく、ドジットの言動を見れば、彼が偏執的色情狂と診断されることは明らかだ。上院議員の中に科学的探求心を持っている人がいたら、ジョン・ドジットこそ格好の症例だっただろう。ところがスペクター共和党議員は従来の攻勢を強めるだけだった。新聞社に出向くと、ドジットの情けない説明を強化し、「力強い」とか「印象的」といった言葉で飾り立てて、委員会が彼の報告書を受理したことを弁護するよう指示したのである。

ドジットがわたしに残したと言っている印象とは反対に、わたしは彼のことをぼんやりとしか覚えていなかった。なんとか思い出してみると、ワシントンにいたころ、彼は交際中か否かにかかわらず、女性と見れば誰にでも馴《な》れ馴《な》れしい親切を押しつける男だった。のちにドジットの証言をテレビで見て、上院司法委員会に駆けつけてくれた数人の女性たちが、ドジットに言い寄られていやな思いをした経験を語って、わたしの記憶の正しさを証明してくれた。また、「自分の魅力に打ち勝てる女性はいない」という彼の考えが全く当たっていないこともこれで明らかだ。上院を訪れた女性のなかには、職場でドジットが彼女の意志に反してキスしようとした出来事について、宣誓供述書を上院に送っていた人すらいたのである。

しかし、バイデン民主党議員が決めた証拠採否のための法則によって、ドジットの証言は許可され、ドジットの主張に反対する女性たちは排除された。連邦最高裁判事承認公聴会という重要な審理で、ドジットが行なったような証言が許されたというのは信じがたい。さらに、その証言を目の前で聞かされるという経験はおぞましい限りだった。

七　「ハイテク・リンチ」発言

届けられた手書きの手紙

その晩ホテルの部屋に戻ると、わたしは心待ちにしていたシャワーを浴びた。そして少しのあいだもの思いに耽《ふけ》った。今日わたしが体験したことは何だったのだろう。これからどうすればよいのだろう。頭の中を整理しようとするとめまいがしてきた。わたしは慌ただしく荷造りしたスーツケースの中からトレーナーとジーンズを取り出し、楽な格好になった。テレビでは公聴会が再開されようとしていた。

待っている間、わたしはワシントンに住むある女性から来た手書きの手紙を読むことにした。手紙は何らかの方法でわたしの弁護団の弁護士であるミシェル・ロバーツに届けられたものだった。この手紙を読んで、わたしは自分がかかわっている審理がどれほど重大な意味を持っているかを悟ることになる。

拝啓

わたしは黒人の女性弁護士で、連邦政府の末端の機関で法律顧問をしている者です。ですから、法曹界や政府の内部事情をよく存じているつもりです。

わたしがお便りを差し上げようと思い立ちましたのは、あなたの証言を聞いていて涙がこらえられなくなったからです。あなたの話を聞いていると人種差別やセクシュアル・ハラスメントに苦しめられていた昔のわたしが鮮やかによみがえってきます。また、ロースクール時代の黒人女性のクラスメートや白人の職場仲間から、長年聞かされてきた話が思い出されます。

わたしはただ知っておいていただきたかったのです。わたしがあなたの支えになれるよう祈っておりますことを。セクシュアル・ハラスメントに耐え忍んでいるとき、どれほど強い恐怖と苦痛に苛まれるかを、わたしは存じております。しかも加害者が政府の要職につく黒人男性とあっては、失意もひとしおでしょう。法曹界にいてセクシュアル・ハラスメントの被害にあった場合、コネを持っていない黒人女性はほとんど泣き寝入りするしかありません。それはアイビーリーグの卒業生であっても、そうでなくても変わりません。法曹界から排斥されては、仕事をつづけていくことはできないからです。

あなたは勇気ある人です。この苦渋に満ちた日々を送られる間、もし必要とあれば、わたしたち黒人女性すべての力を結集してください。わたしたちはあなたのように立ち上がる「好運」に恵まれなかったために、影を潜めているだけなのです。あなたは決してひとりぼっちではありません。

敬具

一九九一年十月八日

ヒル様

七　「ハイテク・リンチ」発言

この手紙をくれた女性とわたしは人種や職業を越えたなにかを共有しているようだった。共通の体験を通じて、わたしたちはわかり合うことができたのである。理解してくれる人がいることを知って、どれほど慰められたことだろう。

その一方で、今日の公聴会でわたしの目の前に並んでいた委員会のメンバーとのあいだには、断絶を感じざるを得なかった。彼らはわたしの体験もわたし自身のことも全く理解していなかったからだ。この断絶は教育や貧富の差に由来するものではない。また、党派主義ともほとんど関係がない。もっぱら性差別や人種差別政策に対する理解の違いからくるものである。現実にセクシュアル・ハラスメントはどのように行われているのか、人種差別とは実際どのような問題なのかということに、上院議員たちは無関心だった。ハッチ共和党議員はこんな発言までしているのである。

「弁護士の立場としましては、セクシュアル・ハラスメントに対して寛大な態度をとってもいいと考えております。それにアイビーリーグの卒業生なら、セクシュアル・ハラスメントについて不服を述べても、報復されることはないでしょう」

しかし、セクシュアル・ハラスメントを実際に体験したこの手紙の女性やわたしは、全く違った見方をしていた。トーマス判事が黒人であったからこそ、わたしの置かれた状況は厳しかったのである。つまり、加害者が黒人だったために、わたしがセクシュアル・ハラスメント行為に対処することも、トーマスを加害者として訴えることもいっそう難しくなった。この事実に気づいている上院議員は一人もいなかっただろう。

ところが手紙をくれた女性はたった二十行ほどの手紙で、何冊もの本が書けるほどの内容を的確に語ってくれた。この手紙を読んで、理解してくれる人もいるのだとわたしは実感することができたのである。

マスコミ操作の舞台

わたしが証言を終えると、共和党議員による攻撃はいっそう激しさを増した。その日の終わりには、公聴会はトーマスの連邦最高裁判事としての資質を問う場というよりは、マスコミ操作の舞台と化していた。

トーマスの側近の要望により公聴会で最初に証言したのはトーマスだったが、その日の締めくくりにも結局トーマスが証言することになった。委員長のバイデン民主党議員の発表によれば、その日はわたしの証言で終わるはずだった。にもかかわらずケネス・デューバースタイン共和党議員は予定を変更するように委員長に迫ったのである。

「今日の最後にもトーマス判事に発言のチャンスを与えていただきたいですね。それが認められないようなら、判事は公聴会の会場前で記者会見を開いて、抗議することになりますよ。『自己弁護する機会を奪われた』と言ってね」

そこでバイデン委員長は要求を呑《の》んだ。もちろん、わたしに同様の機会が与えられるはずはない。こうしてトーマスは金曜日の夜九時というゴールデンアワーに、何百万の視聴者に向かって証言するという好機を手にしたのである。

主に質問したのはヘフリン民主党議員だった。トーマス判事はまず初めに、わたしの証言を聞いていなかったと言った。これは巧みな戦略だ。というのも、ヘフリン民主党議員はわたしの証言の詳細を繰り返したくないと言っていたからだ。わたしの証言は見ていなかったし、その詳細は繰り返されないとなれば、質問は制限されることになる。トーマスはわたしの証言のなかにあった彼の問題の言動について、いちいち否定しなくていいわけだ。答弁のすべてをわたしに対する攻撃に向けることができる。

トーマスは当然そうした。彼は怒りを露わにし、脅迫するような口調で公聴会の進め方を非難しはじめたのである。そして、公聴会を「ハイテク・リンチ」と呼び、民主党議員に対して、保守派の黒人のみをねらった特異な人種差別主義が透いて見えるとまで言ってのけた。人種差別主義と偏った政治思想の攻撃の的になっている、とトーマスは主張した。上院議員たちは責めたてるようなトーマスの口調にひるみ、足をすくわれた。

情けないことだが、人種差別問題について信念をもって論戦に応じる議員は、一人としていなかった。リンチ行為が道義にもとるという点ではみな意見が一致している。そしてリンチをしたと責められたい人は、上院議員の中にも、一般人の中にもいないだろう。実に巧妙な手口だった。セクシュアル・ハラスメントの訴えを支持すれば、リンチという非人道的な行為に加担したとみなされるというわけだ。

トーマスが非難している内容が本当に人種差別に当たるのか、あるいは一人の黒人女性が地位と権力を持つ黒人男性を訴えているという状況がリンチ行為と呼べるのかという問題は無視された。トーマスは「ハイテク・リンチ」発言で一つの境界線を引き、人種差別主義者となるか、トーマスを支持するか、二つに一つという状況を作りだしたのである。

トーマスはさらに非難を続けた。わたしの訴えや証言は何者かと共謀して捏造《ねつぞう》されたものだ、あるいは何らかの集団の差し金かもしれないというのである。トーマスは共謀者を特定できなかったし、共謀がどのような経緯で進められたかを明らかにしなかった。それでも、彼の主張は他の共和党議員の主張と同様に、全く反論されなかったのである。
わたしの訴えが明るみに出た当初から、共和党はトーマスを支持しない集団とわたしとのあいだに接触がなかったかを調べていた。もちろん、そんな接触はない。それでも委員会のメンバーはトーマスが証拠なしに共謀説を唱えることを黙認した。利益集団が政治の舞台で果たす役割をよく知っていた委員会のメンバーたちは、利益集団のかかわりをほのめかすトーマスの発言を聞いて、怖じ気づいたのかもしれない。

セクハラの訴えは人種差別に使われた？

わたしはホテルの部屋でトーマスの証言を見ていて皮肉を感じざるを得なかった。トーマスのことは何年も前から知っているが、彼は公私を問わずつねに、人種差別を障害とする人たちをけなしていたからだ。彼は姉のことを話しながら、言っていた。

「姉が経済や政治の分野で成功していないのは、やる気と努力が足りないからさ。救済プログラムに依存しすぎているんだ」

それなのに、自分自身の野望が障害につき当たるやいなや、彼は人種差別をやり玉に挙げはじめたのである。ほかの黒人が受けている人種差別についても、同時に考えを改めたのだろうか。
時の人気大統領に支持された連邦最高裁判事候補トーマスは、権力に対して自分の権利を主張する無力な個人というイメージからかけ離れていた。彼はまさに権力と結託していたからだ。トーマスは人種差別主義者から、肌の色を理由に攻撃されたことはなかった。それどころかトーマスを攻撃する人たちは、その主張が人種差別と取られはしないかと、細心の注意を払っていたくらいなのである。

人種差別の犠牲者というイメージがどうしてもトーマスと結びつかなかったわたしは、はじめトーマスは不誠実な態度をとっているのだと思った。そもそも承認投票の延期を要請したのは、トーマス自身である（訳注、ヒルの訴えが明るみに出ると、トーマスはそのままでは不利と見たのか、ヒルの訴えについての審理を求め、いわゆるヒル‐トーマス公聴会が開かれることになった）。ところが、のちに彼は単に不誠実なのではなくて、計算ずくで発言していたのだということがわかってきた。当然、人種差別の存在を主張する人びとをけなしていた以前の発言も、立身出世策の一環だったのである。

「ハイテク・リンチ」発言の目的は、民主党がセクシュアル・ハラスメントの訴えについて実質的に攻撃してこないうちに、先手を打つことだった。また、反リンチ法（訳注、法的手続きを経ずに集団が行う処罰を禁じた法）や公民権法の成立当時、黒人の社会運動や政治活動を暴力によって封じ込めようとする動きがさかんになったが、その動きに反対した人々から、共感を得ようとしたものと考えられる。

ケネディー民主党議員やメッツェンバウム民主党議員のようなリベラリストや、ヘフリン民主党議員のような南部アラバマ州選出の上院議員にとって、人種差別主義者のレッテルを貼られることほど、恐ろしいことはない。だから、民主党による政治的戦略による攻撃と人種差別に自分はさらされているというトーマスの主張は、保守派の人ばかりでなく、中道の人たちの同情も買ったのである。

このトーマスの証言にはまったく呆れ果てた。怒りすらこみ上げてきたほどだ。民主党議員たちは保守派に対抗するための道義的な根拠を失って、途方に暮れるばかりだった。

二日経った日曜日の午後になって、ようやくケネディー民主党議員がトーマスに対する攻撃を人種差別とする言いがかりに反論した。ケネディは公民権法の提案者で、人種差別問題を扱うのにふさわしい人物だった。彼は的確で論理的な議論を展開した。にもかかわらず、ほかの民主党議員は彼を支持しなかったのである。

一方、トーマスの「ハイテク・リンチ」発言によって、共和党の攻撃は倫理的な追い風を得たようだった。「正義」を掲げることができるようになったからだ。すでに共和党は公聴会についてのマスコミ情報を見事にコントロールしていたが、さらに攻撃を進めることは道義的にも正当化されることになる。人種差別に抵抗するためにトーマス候補を強力に支持していくことが必要なのだ。こんな主張がまかり通るようになったからである。

かつて、トーマスはもはや人種差別が存在しない証として、担ぎ出された。しかし、今や人種差別の犠牲者として嘆かれ、彼のためにこそ人種差別は撤廃されなければならない、と主張されているのだ。そして数日後、わたし自身までも人種差別主義者あるいは人種差別主義者の共犯者とみなされていたことを知った。人種差別主義者というレッテルが民主党に対する強力な攻撃手段として利用されることはよく知っていたが、黒人であるわたしにまで適用されていたとは驚きだ。

不公平な質問の態度

議員たちのわたしに対する質問の態度は議論でもするような調子だった。彼らがトーマスに対しても同じ態度で臨んだとすれば、公聴会も少しは公正に見えたかもしれない。だがハッチ共和党議員やほかの上院議員たちがとった姿勢は丁重だった。まるでトーマスをなだめるような調子だったのである。

「トーマス判事、わたしはこの席に座って一日中審理を聞いていました。アニタ・ヒルは非常に手強い女性ですよ。手強い法学部の教授で、おまけにエール大学ロースクールの卒業生です。彼女はＦＢＩの調査に応じてあなたが自分の性体験や性的好みについて話したと証言しました。あまり踏み込みたくない問題ではありますが、そうせざるを得ませんので、ご了承ください。このようなことは全くお耳に入れるようなことではありません。しかし、この問題を取り上げることは重要なことですので、質問させていただきます」

ハッチ共和党議員は質問しなければならない理由を謝るように説明して前置きをした。

「ヒル女史がＦＢＩで語ったところによりますと、あなたは彼女に自分の性体験や性的好みについて語り、彼女の好みやそういうことをしたことがあるかと聞き、また男女間のオーラル・セックスについて話したり、人や人と動物が性行為をしている映画を見ることを話し、彼女にも見ることを勧め、特定の性行為や性行為の頻度について話したがったということですが、いかがなものでしょう?」

「上院議員、わたしはこのような形で要求されない限り、こうした言いがかりにわざわざ返答をしようとは思いません。以前申し上げたとおり、わたしには全く心当たりがありません。下品な言いがかりを付けてわたしを物笑いの種にしようという企みとしか思えません。前にも申し上げましたが、今日この場で再びこうした嫌疑のいっさいを否定いたします」

この段階ではクラレンス・トーマスはまだ慇懃《いんぎん》な態度をとっていた。しかし、数分もすると語調は荒々しくなる。連邦最高裁判事として承認を得るための戦闘を開始したのだ。

トーマスに対する質疑は彼の無罪を証拠立てるためになされたも同然だった。だから、問題の行為を描写するにも、わたしが使った語彙《ごい》よりもずっとおとなしい表現が選ばれた。

「あなたはヒル教授と昼食を食べているときに性行為について話しましたか？　あるいは彼女を執拗にデートに誘いましたか？」

「とんでもありません」

ハッチ共和党議員は「デートに誘ったか」と聞かずに、「執拗にデートに誘ったか」と聞いた。どうして彼がこういう聞き方をしたかはわからないが、トーマスは再三のデートの誘いを「執拗」ではないと判断して、正直に答えたとも言える。

「ヒル教授にポルノ映画を見るように勧めたことはありますか？」

ハッチ共和党議員は質問のリストを注意深く読み上げていった。要点をかいつまんで質問するというのは、実はトーマスに具体的な事実に触れさせないための口実だった。

「とんでもありません」

質問と答えが繰り返されていった。トーマスは全く譲歩しない態度で答えた。すこしでも妥協すれば、聴衆はこう判断するかも知れないからだ。

「トーマス判事はセクシュアル・ハラスメント行為はしなかったかもしれないが、少し行きすぎた行為くらいはしたかもしれない」

トーマスがそんな危険を冒すはずはない。

ハッチ共和党議員は先を続けた。

「ヒル教授とポルノグラフィーについて話したことはありますか?」

「わたしはいかなるポルノ的な事柄も、ポルノグラフィーの好みもポルノ映画についても話していません」

わたしへの質問態度と随分ちがう

ハッチ共和党議員とトーマスはこの問答を事前に練習していたのだろうか。その確証はない。しかし、舞台のリハーサルでもしたように、質問はスムーズに進められた。二人はそれぞれ自分の役割を刻々と演じているといった様子だった。几帳面なオリン・ハッチはトーマスの承認を実現するために適当な質問をし、大統領のお墨付き候補トーマスは難なく答えていた。

それは昼間わたしが体験した、いたたまれないような質疑応答とは比べ物にならなかった。あのときは民主党議員ですら不誠実としか思えない質問をして、わたしの不信感を煽《あお》っていたくらいなのだから。このときわたしは気づいた。大統領の指名候補トーマスは委員会の議員たちと組んで、今日の質疑応答を数週間も前から練習していたにちがいない。ひょっとするとわたしの訴えがマスコミに漏洩《ろうえい》する数日前から、すでに練習を始めていたのかもしれない。トーマスが語っている言葉は「彼ら」の言葉なのだ。

「疑わしきは罰せずという法則があなたにはつねに適用されます」

このバイデン委員長の言葉はそうした意味で正しかったと言えるだろう。トーマスはこの公聴会の招かれた客だった。一方わたしは国民が押しつけてきた侵入者でしかなかったわけだ。

民主党議員がトーマスに慇懃《いんぎん》な態度をとっていたのは、トーマスの社会的地位に敬意を表していたのだと考えることもできるかもしれない。しかし、当事者双方が同じ土俵で議論することが前提とされている公聴会では、肩書きによる違いはあってはならない。ところがトーマス判事に対する質問の態度は、わたしのときとずいぶん違っていた。恥ずかしい思いをして答えなくてはならないような質問をトーマスに浴びせようという人は誰もいなかったのである。

ヘフリン民主党議員は言った。

「もし、ヒル女史の訴えがなければ、あなたはまちがいなく、こうした問題を人々の頭からもみ消す立場におられたことでしょうね。これほど弁舌さわやかに証言なさる力がおありになるのですから」

「ヘフリン上院議員、わたしが問題を人びとの間にばらまいたのではありません。もともとこの件は連邦捜査局（ＦＢＩ）が内密に調査をしていました。それなのに先週情報がマスコミに流れたのです。もちろんわたしが流したのではありません。この委員会のメンバーのうちで今のわたしのような境遇に陥りたいと思っている人がいるでしょうか？　こんな下品で根も葉もない訴えを起こされた上に、全国紙に記事を載せられ、このような公聴会に引っぱり出されているのです。そもそも内密に処理されるべきだったこの種の問題について、答弁を求められているのですよ」

「情報の漏洩《ろうえい》についてそうお考えになるのはごもっともです。わたしもたまたま上院倫理委員会の委員を務めましたが、あそこも全くザルでしたよ」

ヘフリン民主党議員は同志を見つけたとばかりに言った。

「しかしそのときはわたしについての情報が漏れたわけではないでしょう。今回はわたしについての情報が漏れたのです。おかげでわたしの名誉は取り返しのつかないくらい傷つけられたのですよ」

トーマスは自分を犠牲者として描くのに必死で、ヘフリン民主党議員の受け答えなど全く眼中に入らないといった様子だった。

「お気持ちはわかります」

気を利かせたドゥコンチーニ民主党議員がトーマスをなだめた。

金曜日の夜になって、アンジェラ・ライトという女性の存在が明らかになった。彼女はクラレンス・トーマスについてわたしの訴えと同じような内容の情報を持ってくるらしいという噂が流れた。わたしたちの弁護団のなかでライトと面識のある人は誰もいなかったが、わたしたちは彼女の証言に期待した。

その日の晩はそうした一日の出来事を考えながら、眠りについたのである。

勝つためには手段を選ばず

土曜日の午前中のことだ。ハッチ共和党上院議員はこの公聴会中最も奇妙な離れ業を披露した。金曜日のわたしの証言を思い出して欲しい。わたしはトーマスの言動についてこう証言した。トーマスはポルノグラフィーを話題にしているとき、ポルノ映画の登場人物ロング・ドング・シルバーという名を口にした。また、彼のコカコーラの缶に陰毛が入っていると言った。

そのことを踏まえて、ハッチ共和党議員は地元の法律会社から『エクソシスト』（訳注、一九六〇年代に書かれ、のちにホラー映画化された米国の本。体内に宿った悪魔によって、少女が奇怪な行動をする）という本のなかに、飲み物に入った陰毛についての記述があり、出版された判例集にもロング・ドング・シルバーという名が載っているという情報を入手したのである。先方から一方的に送られてきたというこの情報をもとに、ハッチ共和党議員はわたしがこの判例集と『エクソシスト』を読んで証言をでっち上げたのだと主張した。そして犯罪の確証を得たとでもいうように、問題の本を振り回したのである。

わたしはその判例集も『エクソシスト』も読んでいなかったし、その本の記述はわたしの証言と大きく食い違っていた。しかし、そんなことをハッチ共和党議員が気にするはずはない。舞台効果によって一般の人びとに心理的なインパクトを与えられれば、それで十分なのである。委員長のバイデン民主党議員まで証拠の関連性についての前言を無視して、事件と無関係なこの情報を受け入れた。そして、内容が誤っているにもかかわらず、議事録に載せることを承諾したのである。

共和党は勝つためなら手段を選ばなかった。ダンフォース共和党議員は当時を振り返って告白している。わたしに対する公正さなどどうでもよかったのだと。それはとりもなおさず、候補者承認のための審理ついても公正さを欠いていたということだ。というのも、公正な審理とはふつう審理中の問題にかかわるすべての立場の人びとに対して、公正な取り扱いをするものだからである。

上院議員たちは自分たちの横行ぶりを首尾よく隠しているつもりだっただろう。しかし、視聴者の中には彼らが公聴会を乱用している様にいらだちを募らせている人もいたのである。けれども、こうした人びとの存在をわたしが知ったのは、オクラホマに戻って一般大衆の生の声を手紙や電話で聞いてからのことだ。ホテルで公聴会の模様を見ていた当時は孤独感にさいなまれ、誰もが上院議員たちに扇動されていると思っていた。

わたしの信用を失わせようという戦略の最たるものは、わたしが勤めていたオーラル・ロバーツ大学の学生から証言を集める運動だった。ダンフォース共和党議員はわたしについて否定的な証言なら、職業上の能力についてのものから、人柄、性的好みについてのものまでなんでも聞かせてほしいといって学生をけしかけた。そこで学生たちは言いたい放題でわたしを非難した。まさにダンフォースがほしがっていた証言を提供したわけだ（当時のわたしの仕事仲間はわたしに好意的に証言してくれたが、それは当然無視された）。

ダンフォース共和党議員は証言が人種差別的であろうが、性差別的であろうが、全く構わなかったようである。わたしの人物を悪く言っているものなら何でもいい、特にわたしの信用を落とすものは大歓迎といった態度だった。学生には自分の証言について申し開きをする義務がない。だから、わたしに恨みを抱いている学生にとって、これは仕返しの絶好のチャンスとなった。

探しもとめている証言

急進的フェミニスト、レズビアン、色情狂、無能教師——トーマスの支持者がさがしていたのはこういった証言だ。ダンフォース共和党議員の探究は執念深く、学生たちを二日間に十回から十二回も呼び出して問いつめるほどだった。けれども、努力の甲斐も空しく、手に入ったのはたった一つの宣誓供述書だった。しかもその供述書に挙がっている「証人」たちはのちにこぞって供述内容を否定したという代物である。

この宣誓供述書は陰部供述書とあだ名を付けられている。その供述書にはわたしが性的な発言をしたとか、学生を性的に誘惑したとか、変態的な言動をしたとか、わたしが返したレポートのあいだに陰毛が挟まっていたとかいう、根も葉もない供述が含まれているからだ。そして、そうしたわたしの言動を供述書に名前が挙がっている学生たちが目撃したということになっている。

ところがいざ上院議員がその学生たちに問い合わせてみると、目撃したと答える学生はだれもいなかったのだ。供述書に署名した学生は「短くてちぢれた毛」が返却されたレポートの間に挟まっているのを、他の学生たちも見つけたと証言している。しかし、その毛を彼がどうして陰毛と判断したかはいっさい問われなかった。それでもダンフォース共和党議員はこの供述書を使った攻撃を諦めなかったのである。

結局トーマスは連邦最高裁判事として承認され、ダンフォース共和党議員は勝った。しかし、彼はそれだけで満足したわけではなかった。問題の供述書の内容をさらに扇情的な記事に仕立てるように、マスコミをけしかけたのだ。ダンフォースの念頭にはつねにこんな目標が掲げられていたのだろう。「政治的な義務を完全に果たすにはトーマスが承認されるだけでは十分ではない。ヒルの訴えだけでなく、人生までも破壊されなければならない」

九　ワシントン・ポスト紙の不甲斐ない報道

被害者の立場での情報はなかった

公聴会のあった週の週末、わたしは部屋でくつろぎながら、二つの新聞を読んで世間の反応を見ることにした。わたしが手に取ったのはニューヨーク・タイムズ紙とワシントン・ポスト紙である。公聴会に対して感情的になっていたわたしは、報道記事すら読むのが難しかった。社説や投稿欄に至っては、わたしに好意的なものであれ、批判的なものであれ、まったく読めそうになかった。

公聴会の報道記事は初めから期待を裏切る内容だった。セクシュアル・ハラスメントの訴えとは結局政治スキャンダルであって、わたしの訴えもそうした政治的な戦略の一部であるというのがおおむねの主張だった。だが、実際にはこの事件はそのような性質のものではない。一九八二年にセクシュアル・ハラスメントの被害に遭い、一九九一年の今現在政治に翻弄《ほんろう》されている、ごく普通の女性の体験なのである。それなのに、そうした視点はどの記事にも見落とされていた。

土曜日の夜、トーマス側の証人として数人の女性が現れ、平均的なごく普通の労働者階級の女性であると自己紹介した。そして、わたしは彼女たちと違ってエリートのインテリ大学教授であり、一般的な女性の関心を知るはずがないと指摘したのだ。一部のマスコミ関係者はわたしのこの肖像をそのまま採用した。ところが実際には、しかし労働者階級出身である。一方、この女性たちは果たして実際に労働者階級を代表していたのだろうか。

こうした問題を検討することなく、マスコミは証人たちの話を鵜呑《うの》みにした。そしてその動きに追従する形で、セクシュアル・ハラスメント問題を貧富の差による問題として取り上げるニュース記事が続出したのである。ニューヨーク・タイムズ紙のある記事には、労働者階級の女性はほとんど職場でのセクシュアル・ハラスメントに無関心であり、特に黒人女性の場合はその傾向が強い、というようなことが書かれたくらいだ。

ニューヨーク・タイムス紙の記者たちの存在はワシントンでは貴重だったと言ってもいい。というのも、彼らは孤立していて、何もかも政治的な問題にしてしまったからだ。おかげでワシントンの報道記者たちの視点は歪められることになった。

それはそれとして、その週末の新聞記事の中にはセクシュアル・ハラスメントの被害者の立場に立って書かれたものはなかったし、権力を欲しいままにする政治家たちの策略に立ち向かう一市民として、わたしを描いたものもなかった。通常の法廷で守られている証人に対する保護が全くないことや、共和党が承認過程を混乱させていることについて報じた記事もほとんどなかった。

記者たちは共和党議員や自分たちのものの見方にとらわれていたのだろう。彼らの描くシナリオによれば、わたしは承認過程を脱線させようとする計画に加担していることになっていた。マスコミは政治家にいそいそと同調した。あるコメンテーターは言っている。

「記者たちはまたもや共和党の口車に乗せられている」

理解されない扱いの中で

公聴会を報道した記者や社説の執筆者は事件の複雑な事情を全く見落としていた。ワシントン・ポスト紙の社説を読んでわたしは戸惑った。まるでわたしに対して謂《いわ》れのない敵意を持っているような筆の運び方だったからである。そして、委員会がわたしの訴えを取り上げたことにまで反感を抱いているように思えた。

のちにわかったことだが、アトランティック・マンスリー紙とワシントン・ポスト紙でトーマスのプロフィールを書いていたホアン・ウィリアムズが、明らかに公私の利害の衝突を抱えているにもかかわらず、先の記事を執筆していたのだった。社説の見出しはこうである。

「クラレンス・トーマス攻撃に絶好のチャンス」

そして、訴えについては、こう書かれていた。

「大人二人のあいだで交わされたとされる性的な会話を利用して、トーマスに泥をぬる行為」

わたしの訴えは上院のスタッフがトーマスの汚点を探していたときに浮上してきたものだというの

である。ウィリアムズはわたしの供述内容の信憑性《しんぴょうせい》を疑ってわたしの訴えを退けたと同時に、セクシュアル・ハラスメント問題そのものも軽視していたと考えられる。

面白いことに、当時ウィリアムズは同僚に対するセクシュアル・ハラスメントの容疑で取り調べ中と新聞でたたかれていた。またこれ以前にも何人かの女性がウィリアムズの行為に対して、非公式な形ではあったが不服を申し立てていたのである。申し立てによるとウィリアムズは彼女たちに対して彼女たちが言って欲しくない言葉を言ったり、して欲しくない行為をしていたという。そうしたウィリアムズの行為を彼女たちはなれなれしくしすぎると感じていたが、ウィリアムズは単に「社交下手なのだ」と言い訳をしていた。

ウィリアムズの書いた記事に客観性がないことを指摘する新聞がいくつか現れて、やっとワシントン・ポスト紙の経営陣は公私の利害の衝突が存在することを認めた。そして、この公聴会の社説担当からウィリアムズをはずした（その一方で、公聴会について記事を書きたいと申し出た記者に、思いとどまるように指示した）。しかし、このときすでにハッチ共和党議員はウィリアムズの書いた記事を自分の主張する共謀説を裏付ける証拠として、公聴会で引用していたのである。

全米で公聴会が放映されると、小さな地方都市の新聞にも公聴会について意見を述べた社説が登場するようになる。無責任な社説を載せる決定をしたのは、ワシントン・ポスト紙だけではなかったことが明らかになった。

馬鹿げたジャーナリズムの最たるものが、ユタ大学の学生新聞だ。当事者双方の意見を提示するとした記事の中で、わたしは「下劣であくどい精神分裂女。色情狂か、さもなくば大うそつき」とされ、わたしの訴えは「性的な妄想」と書かれていた。また、わたしの証言についての記述はこうである。

「獣的な性欲に取り憑かれているのだろう。『アナトミカル・レビュー』にあるソドムとゴモラ（訳注、男色と獣姦で名高い聖書の町）の描写に毒されているにちがいない」

もう一方の立場では、トーマスの行為が実際にセクシュアル・ハラスメントに当たるかどうかという疑問を提示し、州法と連邦法に従ってセクシュアル・ハラスメントの定義を説明している。また、わたしがどうしてもっと早く訴えなかったのかという点についてわたしの動機や判断を論じている。明らかに二つの立場についての記事はバランスを欠いている。一方の立場は一般大衆にセクシュアル・ハラスメント問題についての情報を提供し、問題を分析する手段を与えようとしている。もう一方の立場は上院議員たちをまねて猥雑な悪口雑言を並べているだけだ。

さらに、この学生新聞では「女性の指導者、特に下院の女性議員とさまざまな女性グループ」に挑発されたマスコミは、単にわたしの訴えを報道するだけで、俗悪なジャーナリズムにかかわることになると指摘しているのである。ユタ大学の学生新聞は「学生新聞なのだから仕方がない」といって大目に見てもらえるかもしれない。しかし、この言い訳がワシントン・ポスト紙に使えないのは明らかである。

ワシントン・ポスト紙が公聴会の報道を差し止めた態度や他の新聞の社説が、公聴会の報道にどう影響したかを判断するのは難しい。ただワシントン・ポスト紙はアメリカで最も洗練された影響力のある新聞の一つとされている。そのような定評のある新聞社が先に述べたような態度をとっているのだ。おそらく一般にもセクシュアル・ハラスメント問題は理解されないまま無神経に扱われていたと見て間違いないだろう。

十　学生の投書キャンペーン

　ダンフォース共和党議員やシンプソン共和党議員もマスコミに鼓舞されたのだろうか。あるいは彼らの方がマスコミを刺激したというのがほんとうのところかもしれない。どちらにしろ、彼らは次にオクラホマ大学の学生の助けを借りて、わたしを攻撃するための運動にとりかかった。

　このプロジェクトでは、クリス・ウィルソンという法学部生が活躍した。彼はわたしと交流を持ったことはない。それでも、彼は公聴会が始まってからというもの「アニタ・ヒルの人生を生き地獄にするために奔走した」のである。

　公聴会が行われているあいだも、彼は忙しく立ち回っていた。わたしを政治活動家や急進的フェミニストとして浮き彫りにするため、投書運動に参加してくれる法学生を募ったのだ。誘いに応じる学生は誰もいなかったが、それくらいで諦める彼ではない。学部の友愛会に出向き、あらかじめ用意されていた手紙を上院議員に送るように会員たちを仕向けた。送り先はオクラホマ大学出身の民主党上院議員ディビッド・ボーレンである。ところが、手紙の差出人として実名を挙げるのを了承した学生は、たった一人だった。手紙にはわたしの政治哲学について様々なことが書かれていた。

　ところが、ウィルソンも友愛会を運動に巻き込んだ学生たちもわたしのクラスにいたことはないし、わたしと政治問題について話し合ったこともなかったのである。

この運動にかかわった学生たちの多くは当時十八歳か十九歳だった。スポーツをする感覚でこの企《たくら》みに参加したことだろう。投書運動は全員が参加する友愛会の悪戯《いたずら》騒ぎかゲームのようなものだったにちがいない。負けても失うものはないが、勝てばワシントンの政治エリートから好意をもたれる――彼らにとって投書運動はまさにそうしたゲームでしかなかった。

心から残念に思われるのは、このスポーツに参加するように学生たちをそそのかした大人は、選挙で選ばれ、国民の権利を守ると宣誓した人たちだったということだ。そして、悲しいことだが、偶然とは思えないことに、この運動に参加した学生は、オーラル・ロバーツ大学の学生もオクラホマ大学の学生も皆白人の男性だった。

わたしのポケットは手紙であふれている

こうして友愛会のメンバーから集めた手紙を使って、シンプソン共和党議員は大げさな演説を繰り広げた。

「実に様々な人びとが進んで訴えてきました。わたしのポケットはそうした手紙であふれそうです」

彼は上着のポケットを叩きながら言った。

「ファックスも届きました。かつてヒル女史が在職していた大学の法学部の教授やヒル女史の知人、タルサ（訳注、オーラル・ロバーツ大の所在地）やオクラホマの人びとは皆、アニタ・

ヒルを『要注意人物』と書いています。ところが誰もそのことを口に出して言う度胸がないのです。そんなことをすれば「セクハラ如き」で訴えられかねないからです。わたしもセクシュアル・ハラスメントはひどい行為だと考えております……わたしがセクシュアル・ハラスメント問題を真剣に考えているかどうかを調べてもらう必要などありませんし、唾液《だえき》検査してもらう必要もありません……ですが、ヒル女史については調べる必要があります。取り調べには一〇四日費やしてもいいでしょう。そうしてヒル女史の性格や経歴、傾向などを明らかにすることができれば、この公聴会もいくらかましになるというものです」

シンプソン共和党議員の演説はあらかじめ用意させた情報を使った、典型的なスタンドプレーだった。しかしこのことについて、云々しても仕方がない。それより、彼がわたしの人格を中傷する言葉を繰り返したり、新たに非難を浴びせたりしているうちに、セクシュアル・ハラスメント問題全般がけなされたという事実に注目すべきだ。シンプソン共和党議員は前述の主張を裏付ける事実を示してほしいと報道関係者から求められても、答えようとしなかった。彼がわざわざ背広を叩いてまで演技したのは、手に持っていると言い張っている書類の中身を証明しようというよりは、視聴者の頭にわたしは信用できない人物であるという考えを叩き込むことだったようだ。

そもそもセクシュアル・ハラスメント問題を真剣にとらえている人なら、シンプソン共和党議員が言ったように「セクハラ如き」などという言葉を使うはずはないし、セクシュアル・ハラスメントを「本当のハラスメント」と区別したりはしないだろう。また、彼はわたしが連邦最高裁判事候補ではないことを忘れていたのだろうか。そうでなければ、わたしの経歴を調べるために指名候補と同じ一

○四日必要だなどと言えるはずがない。

わたしは国民の信任を受ける地位にふさわしいかどうか調べられていたわけではない。単に証人として証言していただけだ。証人であるというだけでこのような取り調べを受けたり法的な扱いを受けたりした人はかつていただろうか。

わたしは志を貫く

シンプソン共和党議員はわたしの経歴や人格、「傾向」を疑うような発言までした。このときわたしはその場にいなかったために反論できなかったし、バイデン委員長もそのような発言を排除しようとはしなかった。

この場合の「傾向」という言葉を、ジャーナリストであるウィリアムズ・サファイアがのちに定義した。というのも、シンプソン共和党議員が性的好みという意味に解釈し、オーラル・ロバーツ大学で集めた「わたしがレズビアンである」という証言をもとに、わたしの性的好みを問題にしようとしていたのは明らかだったからだ。

案の定、日曜日になってシンプソン共和党議員はわたしの「傾向」を明らかにするために取り調べを行うべきであると提案した。それを受けたかのように、ワシントン・ポスト紙の記者であるリン・デュークはキース・ヘンダーソンに電話して、わたしがワシントンにいた頃ルームメイトだった女性と関係を持ったという証拠はないかと問い合わせてきた。これはまったくセクシュアル・ハラスメント問題にかかわりのないことである。そこでヘンダーソンはデュークを非難した。

「上院議員たちが自分たちの主張に釈明を与えるために用いた『ヒルはレズビアンである』という作り話に、あなたも訴えているだけだ」

上院議員たちの行動にはそれなりに理由があると考えられる。というのも、彼らにとってセクシュアル・ハラスメント問題を正確に描き出すよりも、政治のほうが重要だからだ。

しかし、ワシントン・ポスト紙は国民に情報を提供することを使命としている。それなのに、政治家と同じ策略に出るのは無責任ではないだろうか。仮にわたしがレズビアンだったとしても、セクシュアル・ハラスメントの訴えに関係のない、非常に個人的な事柄について、大衆を満足させたいがためにこのような取材をするべきではない。これでは扇情的なタブロイド紙ののぞき見趣味となんら変わらない。そして残念なことに、こうした取材態度をとったのはデュークだけではなかった。

土曜日の午後の「ハイテク・リンチ」発言のあとは、委員会のメンバーの中にわたしに味方する人は誰もいなくなったようだった。そして、共和党が仕組んだマスコミによる大げさな宣伝のせいで、世論すらわたしに反対していたのである。わたしは目の前で起こっている公聴会の模様を眺めながら、自問した。もしもこれが現実でなかったらどうだっただろう。目の前の邪悪な企みに巻き込まれずに済んでいたとしたらどうなっていただろう。召喚されたときに出頭しなかったら、あるいは質問に対してうその答えをしていたら、九月にはすべてが終わっていただろうか。

しばらくの間わたしはホテルのスイートルームにこもって泣いた。しかし、この時点で取り乱しても、何にもならないことにまもなく思い当たったのである。わたしは気持ちを落ち着けてリビング・ルームに戻ると決断した。こうした状況に置かれたごくふつうの市民なら、だれでもそうするだろう。

自分の体験を公にする決意を一旦したのだから、公聴会がどんなに不利に展開しても、わたしはその志を貫かなければならない。わたしはただそれからの二、三日を何とか切り抜けられるように祈った。

形勢をたてなおすために

金曜日にわたしの証言が終わった後、わたしの弁護団は不安を抱いていたが望みをすっかり失っていたわけではなかった。ところが、二十四時間も経たないうちにわたしたちの希望は打ち砕かれた。トーマスは二日目の証言を終えた。共和党はマスコミや委員会に間違った情報を浴びせ、公聴会の主導権を握り、わたしの訴えが実質的に聞かれる機会をすべて粉砕しようと「聖戦」を着実に戦っていた。わたしたちは明らかに数の上でも資金の上でも負けていたし、マスコミの扱いや政治的手腕でも巧妙さに欠けていた。

十月十二日土曜日の段階では、わたしには考える時間がほとんどなかった。また、公正さだけでなく礼儀や品位まで欠いていた公聴会の流れを押しとどめてくれる人は、政府側にいるはずはなかった。わたしは今まで決めてきた作戦について考え直す時間のないまま、自分の身を守らなくてはならなかったのである。

孤立無援だったとはいえ、わたしの弁護士やボランティアの人たちは上院議員の攻撃に応じるために準備をしていた。非難をただ否定するだけでは上院議員たちに不相応な信用を与えることになるし、彼らの主張を土台に議論が進められることになってしまう。弁護団のエマ・コールマン・ジョーダン、スー・ロス、チャールズ・オーグルトリーはわたしが再び公聴会に呼び出されたときに備えて、わたしの証言を弁護する念入りな議論を準備をしていた。わたしはこの戦いの外にとどまっていることはできなかった。形勢を立て直すためになにか積極的な手を打たなければならなかった。そしてその役を買って出なければならないのはわたしだった。そのとき、ためらいがちにオーグルトリーが言った。

「たしか君は委員会でうそ発見器によるテストを受けてもいいと言っていたね。まだそうする気はあるかい？」

そのときわたしは弁護士の立場ではなく顧客の心境になって考えていた。法廷で顧客の相談に乗っている弁護士だったら、テストを受けないよう忠告していただろう。結果が操作される危険があるからだ。

「もちろん、受けてもいいわ」

顧客になりきっているわたしが、罪を晴らしたい一心ですぐに答えた。

テストの手配をしてくれたのも、チャールズ・オーグルトリーだった。彼は犯罪容疑者を担当する熟練弁護士の立場で考えていた。だから、当然うそ発見器によるテストをするという決断について不安を抱いていた。後になって打ち明けてくれたのだが、彼はテストの前日である土曜日の夜ほとんど眠れなかったそうだ。

十一　うそ発見テスト

日曜日の朝、わたしは着替えをして出かける準備をした。これから秘密の場所で、会ったこともない人物から、生まれてはじめてのテストを受けるのだ。わたしはそれまでに実に様々な試験を受けてきた。大学入試、ロースクールの入試、就職や仕事にまつわる試験。そのたびに何週間も準備をしたものである。

しかし、この二、三日のあいだにわたしの人生に対する見方は一変していた。人生とは思いがけない出来事によって考えもしなかった方向に展開していくことがある。だから、あらかじめ準備しておくことなどできない。わたしはそう考えるようになっていたのである。綿密な計画にしたがってそれまでに築いてきたわたしの信用や評価、将来性といったものが、たった一日前に受けると決めたテストにかかっている、というのは皮肉だった。しかし、ここ二、三日の出来事に比べれば、驚くほどのことではないだろう。

テストを受けるのは気が重かったが、ホテルの部屋から出られるのはうれしかった。ホテルで公聴会の模様を見ているという現実は、日々の生活を忘れてしまうほど残酷だったからだ。外に出れば失っていた生活をかいま見ることができる。そう考えると曇りがちな秋空にもかかわらず、心は躍った。ワシソーニャの友人レイ・マックファーランドが指定されていた場所にわたしたちを連れていった。ワシントンDCの北西部にあるアーノルド&ポター法律事務所である。テストの段取りをしてくれたのは事務所所属の弁護士チャールズ・ラフだった。彼はワシントンDCの有名弁護士で、ワシントンDCの知事や法律家協会会長を歴任した人物だ。

公衆の知るところとなる

その日は日曜日だったので、わたしたちは午前中にロビーで待ち合わせたあと、ラフに導かれてセキュリティーを解除しながら会議室や事務室に向かった。ビルの静けさと、広い廊下のせいで行程はなぞめいたものになった。ラフはオーグルトリーやわたしと会話らしい会話をすることもなく、うそ発見器のある小部屋に案内してくれた。わたしたちもテストのことを考えると落ち着かず、軽いおしゃべりすらしなかった。

廊下はモダンな高級家具や趣味のよい美術工芸品で飾られていた。ここを通る客は法律事務所の優れた判断力と威信を感じ取るだろう。廊下を抜けて会議室にやってきたラフとわたしをポール・マイナーが待ちうけていた。うそ発見器の専門家である。最初の自己紹介が終わると、彼は自分のプロフィールやうそ発見テストを行なってきた経験について語った。マイナーも口数の少ない人だったが、自分の職歴について話すときは別だったようだ。

陸軍での仕事から出発した彼は、やがてFBIのうそ発見プログラム・コーディネーターとなり、FBIがうそ発見テストを取り調べで使う方法を刷新した。FBIでの評価は「優秀」で、その信頼の厚さは、FBI長官ウィリアムズ・ウェブスター自らが彼に書き送った手紙が証明している。そして、最終的には自分の調査会社を設立。うそ発見テストについて経験は通算二十年にわたった。マイナーはこのプロフィールをおそらく何度も説明してきたのだろう。しかし、話しているときのいかめしい表情と厳格な声音は、こう言っているようだった。

「わたしの専門について質問はいっさい受け付けない」

彼の態度には敵意さえ感じられた。少なくとも批判的だったといっていい。まるでこれからわたしを叱りつけようとしているようだった。

「だから、何だというの」

わたしはあきらめに似た気持ちでため息をついた。結局のところ彼の態度はほんの二日前に上院司法委員会のメンバーがわたしに対して取った態度より悪いというわけではない。それにわたしもましな態度を期待してきたわけではなかった。だから、テストの結果についてマイナーがわたしに好意的に判断したと考えるのは間違っている。

わたしがテストの結果を報告しようがしまいが、うそ発見テストを行なったという情報が漏れるのは確実だった。なんらかのテストを行なったという情報をマスコミは入手するだろうし、そうなれば結果は公衆の知るところとなるだろう。わたしに有利な結果が出ようが出まいが、それは避けられないことだった。

会議室に入ると、不思議と心が落ち着いた。部屋は窓のない小部屋で、中間色の壁には大きすぎる飾りがわずかに掛けてあるだけだった。ブーンという蛍光灯の音や布張りの壁が、外の騒音をかき消している。

ホテルの部屋では、テレビから絶えず流れてくる公聴会の模様を否応なしに聞いていたが、その状況から逃れられてわたしはほっとした。金曜日から日曜日にかけて目にしてきた光景もいつも同じだった。ずっとホテルの部屋に閉じこもって、トーマスや証人たちの証言を夜遅くまで聞いていたからだ。

テスト後の安堵と安心

ポール・マイナーからテストのやり方についての説明を受けているうちに、テストの重大さが伝わってきた。マイナーは用意している質問を読み上げると、わたしにその意味が分かるかどうか確認していった。この一週間に同じ質問を手を替え品を替え何度されてきただろう。クラレンス・トーマスが問題の行為をするようにわたしのほうが誘ったのではないか、あるいはトーマスの行為を誘っているような印象を与えたのではないか、と聞かれたこともある。その他の質問もほとんどが、詰まるところ、セクシュアル・ハラスメントに対して批判的な似たような姿勢に基づくものなのである。

「そういう行為をされるようなことをどうさせしたんだろう」

こうした態度は決して珍しいものではない。

ところがわたしはこのとき質問に対して怒りを覚えるどころか、自己不審の念に駆られた。マイナーもわたしも、セクシュアル・ハラスメントの訴訟で、加害者の行為よりも、被害者の行為を問いただそうとする社会の考え方に洗脳されているのではないか。そんな気がしてきた。

「こうしたことが起こると、自分は誤解されるような振る舞いをしたり言ったりしたのではないか、と誰しも一瞬自分を疑うものです。しかしわたしはトーマス判事に対して上司として以上の興味があるという印象を、意図的に与えようとしたことはありません」
わたしは十年前のことを思い出しながら、説明した。一度でもトーマスに誤解させるような行為をしたことがあるだろうか。わたしは再び記憶を探ってみた。しかし、何も思い当たる節はなかった。
予備インタビューが終わると本番テストの開始である。マイナーがワイヤーや吸入管、マジックテープなどでわたしをうそ発見器につなぐと、機械は血圧や心拍数、呼吸を測定しはじめた。わたしは壁に向かって座り、後ろにはマイナーがうそ発見器のそばに腰を下ろした。わたしが彼の質問に答えるたびに、ブーンという蛍光灯の音にまじって、白い紙にグラフが描かれる音が聞こえた。
ポール・マイナー「クラレンス・トーマスについて、故意にうそをつきましたか？」
アニタ・ヒル「いいえ」
機械はわたしの答えをグラフに描く。
ポール・マイナー「クラレンス・トーマスがあなたとポルノグラフィーについて話したという訴えを、でっち上げましたか？」
アニタ・ヒル「いいえ」
また、機械がわたしの答えをグラフに描く。
ポール・マイナー「特定の性行為についてクラレンス・トーマスがあなたに話したという様々な事柄について、うそをつきましたか？」
アニタ・ヒル「いいえ」

ポール・マイナー「クラレンス・トーマスがあなたに彼のペニスの大きさについて語ったということについて、うそをつきましたか?」

アニタ・ヒル「いいえ」

事件に関するこうした質問のあいだに、対照させるための無関係な質問がちりばめられていた。三十分にわたって、マイナーが質問し、わたしが答え、機械がグラフを描くという作業が繰り返され、わたしが信用できる人物かどうかが測定されていった。わたしの精神が異常かどうかということまで測られていたと言えるかもしれない。

「休憩にしましょう」

質問が半分済んだところでマイナーは言った。しかし、まもなくわたしたちは退屈な作業を再開した。そしてやがて質問は終わった。でき上がったグラフにうその印がないか、いよいよ吟味されるのである。

わたしはオーグルトリー、レイのところに戻った。彼らは同じ階の事務室で待っていたのである。わたしたちはなにか話そうとしたが無理だった。

しばらくしてマイナーはテストの結果を話すためにチャールズ・オーグルトリーを部屋に呼び入れた。マイナーはわたしがうそを吐いていることを示すデータを見つけることはできなかった。この結果を聞いて戻ってきたオーグルトリーの顔にほっとした表情が浮かんでいたのは言うまでもない。うそ発見テストを受けるようにわたしに勧めて以来、彼も不安に駆られていたのだ。わたしを信用していたものの、どんな結果が出ようとその情報を隠しておくことはできないだろうと心配していたのだろう。わたしたちはテストが終わった安堵感と満足のいく結果が得られた喜びをわかち合った。マイナーとオーグルトリーはテストの結果を公表する記者会見の準備に入った。

十二　矛盾だらけの攻撃

真実を述べるために

数分後、わたしは車に戻っていた。わずかな時間だったが、外に出た解放感はすばらしかった。やがて来た道を通ってホテルの部屋に戻ってみると、わたしの避難所は刻々と牢獄に変わっているようだった。部屋に入るとすぐに、わたしはテレビに駆け寄った。なにか重要なことを見逃したのではないかと心配だったのだ。証言のスケジュールは変更ばかりされていたので、何を見逃したのかわからなかった。幸い、午前中には大した進展はなかったようで、ちょうどわたしの証言を裏付ける友人たちの証言の終わりの部分を見ることができた。

証言は一時間に及んだ。彼女たちはわたしからトーマスの行為について聞いたのは、承認投票に向けた動きがはじまるかなり前だったと証言した。とたんに委員会のメンバーたちは敵意をむきだしにしはじめた。

「是非お聞きしたいのですが、あなた方はトーマス判事に連邦最高裁判事になって欲しいと思っているのですか。まず、ヘルヒナー判事からお答えください」

アイオワ州選出の共和党議員チャールズ・グラスリーは要求した。

「上院議員、わたしは単に一九八〇年代初頭にわたしが聞かされたことについて、真実を述べるためにここに来ているのです。今日すでに真実をお聞かせしました。その真実をどう処理するかは、あなたにお任せします」

ヘルヒナー判事は答えた。

グラスリー共和党議員はトーマスに対する政治的な敵意を引きだそうと質問を続けた。

「では、エレン・ウェルズさんはいかがでしょう」

「わたしもヘルヒナー判事のおっしゃったことを繰り返すだけです。わたしは真実であると考えておりますことについて証言しに来ただけです。そしてこの場でトーマス判事が連邦最高裁判事にふさわしいかどうかという問題について、わたしが個人的な意見を述べるのは不適切であると思います。わたしはそのような質問に答えるためにここに来ているのではありません」

「ポール教授はいかがでしょうか」

グラスリー共和党議員は三人目の証人である法学部教授のジョエル・ポールに向かって聞いた。

「上院議員、法学者として、あるいは弁護士として申し上げますが、わたしはこれまでにもトーマス判事の適否について何度も質問を受けてきました。わたしはいつもいかなる立場も表明しませんでした。そして今もどんな立場も表明するつもりはありません。わたしは単に四年前にヒル教授から聞かされたことについて真実を述べるためにここにいるだけです。ヒル教授はEEOCで上司からセクシュアル・ハラスメントに当たる行為をされたと言っていました」

この答えを聞いて、グラスリー共和党議員はいっそう刺激されたようだった。

「どうも腑に落ちませんね。トーマス判事がセクシュアル・ハラスメントの加害者である、あるいはセクシュアル・ハラスメントの罪を犯した、と十分な理由に基づいてお考えになっているというのに、どうしてトーマス判事の指名に反対する署名をなさらなかったのでしょう?」

「上院議員、まず第一にわたしが署名を求められたのは、ヒル教授による今回の訴えより前の時点だったこと。第二にヒル教授が真実を語ってくれたのは一九八七年だったということ。この二つの理由によります。ところで、真実を語っているのが誰なのかを決定する前に、あなたやここに座って事実を突き止めようとなさっている委員会のメンバーの方々は、すべての証言を聞かなければならないのではないでしょうか。その結果トーマス判事が問題の行為を実際にしたということになれば、トーマス判事は連邦最高裁判事として不適任であると考えます。しかし、トーマス判事が問題の行為をしていないということになったとしても、トーマス判事の適否ついて個人的な意見を述べるつもりはありません」

証人の記憶の操作が目的

ポールの答弁は法律家として申し分のない、言質を与えないものだった。後になって彼の発言を攻撃するのは不可能だろう。だからこそ、グラスリー共和党議員はいっそういらだったのかもしれない。

「あなたのような地位にいらっしゃる方は、連邦最高裁判事候補であるトーマス判事の適否について個人的な見解を持つべきなのではないでしょうか。そしてそのご意見を披露する機会が与えられたことをお喜びになってもいいのではないでしょうか。わたしのような法律の門外漢にとってあなたのような専門家の個人的なご意見をうかがうのは大切なことだ、とお考えになってもいいように思われますが」

グラスリー共和党議員がジョエル・ポール教授やその他の証人に対してこんな説教をすることができたのは、彼がこう決めつけていたからにちがいない。

「目的は証人たちの記憶を操作することだ。だから、証人たちにはトーマスの適否問題についてわれわれが用意したどんな質問にも、答えてもらわなければ困る」

これはまぎれもないワシントン的発想だ。道徳や倫理にかかわる正・不正までも、政治が決定するのである。

グラスリー共和党議員もシンプソン共和党議員も、証人たちを勝ち目のない立場に追い込もうとしていたのは明らかだ。彼らのようなプロの政治家には、自分の政治的立場と矛盾する行動をとる人間の存在など信じられないのだ。しかし実際には、特に法律家は、政治的な立場に実質的な違いがあっても、それを理由に裁判所が指名した人物に反対するということはない。わざわざ話をでっちあげ、自分の弁護士生命をかけてまで、大統領による指名を妨害する弁護士などいないだろう。

仮にわたしの証人たちのうちのひとりでもトーマス候補に反対だと証言していたら、「証人たちはその個人的な意見にしたがって偏った証言をしたのだ」と上院議員たちは主張していただろう。逆に証人のうち誰かがトーマス支持を表明していたら、証言はトーマスのセクハラ行為の印象を軽くするために利用されていただろう。証人たちが個人的な意見を口にしなかったのは正解だったのである。

グラスリー共和党議員や他の上院議員たちも多くの法学者の助けを借りていた。公聴会の初日にトーマスが連邦最高裁判事として適任か否かという議論を準備したのも、そうした法学者たちだ。しかし、法律の知識をうまく使って最後にグラスリー共和党議員を出し抜いたのはポール教授のほうだった。ポール教授はグラスリー共和党議員を一同の笑い者に仕立てあげたのである。先のグラスリー共和党議員の説教に対して、学生からの質問攻めに飽き飽きした教授がよく使う論法でポール教授は応戦した。

「上院議員、わたしには公聴会の初日に指名候補の調書を吟味する機会がありませんでした。しかし、もし調書を見せていただけるのでしたら、喜んで吟味いたしましょう。その後で意見を述べさせていただきます」

ポールの鋭い指摘を聞くやいなや、レーヒー民主党上院議員がグラスリー共和党議員にささやいた。

「トーマス判事の承認投票をする宣誓をしているのは、上院議員だけなんだ」

そして自分や周囲の上院議員たちに言い聞かせるように言った。

「この問題に意見を述べる義務があるのは、われわれ上院議員だけです」

謂《いわ》れのない敵意

ついに、質問は公聴会の実質的な内容に入った。スーザン・ヘルヒナーとエレン・ウェルズはトーマスが問題の行為をした一九八二年の時点で、わたしとその行為について話し合ったと証言したのである。ふたりともクラレンス・トーマスや上院議員に対して政治的にも個人的にも内心恨みを抱いていたわけではない。それなのに非常に大きな危険を冒して証言してくれたのだ。ヘルヒナーは裁判官という大統領が任命する政府の要職にあったし、ワシントン在住のウェルズはつねに連邦政府と直接関わり合っていかなければならない仕事をしていた。

結局、委員会のメンバーはヘルヒナーたちの証言の信用を損ねる企てに失敗し、彼らの証言を信頼できるものとして受け入れざるを得なくなった。そこで、今度は証人たちがわたしから話を聞いた時点で正式に告訴するように勧めなかった責任を突いて、証人たちの面目をつぶそうとしはじめたのである。シンプソン共和党議員はヘルヒナー判事に質問する中で言った。

「あなたはヒル教授にとって友人であるとともに専門家として助言を与えることのできる立場におられたわけですよね。それなのに、セクシュアル・ハラスメントの被害を受けたという告白をヒル教授から聞いていながら、手を打つように忠告しなかったとは無責任ではないでしょうか」

グラスリー共和党議員もシンプソン共和党議員と同じ路線の発言を繰り返したあとで、こんな発言をする。

「このような行動をとるヘルヒナー判事やウェルズさんといった方々が証言なさったからと

いって、トーマス判事がヒル教授に対してセクシュアル・ハラスメントに当たる行為をしたということになるでしょうか」

相当な危険を冒して証言した証人たちが、今度はどうして訴えをもっと早く起こすように勧めなかったのか、といって責められているのだから皮肉なものである。そしてその挙げ句、真実であろうがなかろうが、証言は大した意味を持たないといって切り捨てられてしまったのだ。

わたしにとってわたしの証言を裏付けようと証言してくれた人たちは、すばらしい友人である。彼らは公の場に出て共和党議員からの謂れのない敵意に敢然と立ち向かってくれた。トーマスの側近は調査官を動員して政治運動や社会活動についての調書を大量に作成していた。だから、わたしのために証言してくれた人たちは、公聴会が終わった後も、共和党の怒りにさらされる危険があったのだ。少なくともスーザン・ヘルヒナー判事とジョエル・ポール教授の二人は、雇用が危うくなるという犠牲を強いられたし、一般大衆の怒りを買うことにもなった。二人が公聴会に出席したことが気に入らない人たちから、脅迫状が届いたり、脅しの電話がかかってきたりしたのだ。ヘルヒナー判事のオフィスに糞便を送りつけてきた卑劣漢もいる。

ケネディ議員の弁論

友人たちの証言を聞いていて、わたしは実感した。委員会の上院議員たちがどんな結論を引き出そうとも、昔からわたしのことを知っている人たちは、わたしが真実を語っていると信じてくれているのだ。こう思うとわたしは慰められた。日曜日の午後、公聴会は後半に入っていた。わたしの弁護団は苦々しい思いで、崩壊寸前の形勢をなんとか立て直そうと苦心していた。そのとき、ケネディー民主党上院議員が弁護団の思いを見事に代弁してくれたのである。

あなた方証人の皆さんやヒル教授のおっしゃっていることを、単に信じたくないと思っている人たちがいます。それが事実でしょう。おそらく、いままで公聴会の模様を観察し、午後の質問を聞いてるうちに、そういう人たちの存在に気づかれた方もいることと思います。しかし……いまの証言を聞いたあとでは、状況が変わることを期待しています。ヒル教授の人柄について、昨日この部屋で聞かれたような、卑劣で謂れのない非難をするのはやめなければなりません。正当な理由もないのにヒル教授が偽証していると主張するのもやめなければなりません。また、ヒル教授がさまざまな政治勢力の手先だという批判も控えなければなりません。わたしたちはエレン・ウェルズさん、ジョエル・ポール教授……といった方々の証言を聞きました。また、公聴会のことを新聞で知って、公の場に出てきてくれた人たちの証言も聞きました。彼らの証言に耳を傾けるべきです。こうしたすばらしい方々の証言を聞いた後では、特定のグループやスタッフが説得してヒル教授に告訴させたのだという説も排除しなければならないのは明らかです。また、ヒル教授が本や判例集から拾って話をでっち上げたのだという説についても口を閉ざすべきでしょう。十一時間後に控えた指名候補承認過程を挫折させようという企みが進行しているといった議論も慎むべきです。ヒル教授に対する毒舌や当てこすり、先方から送られてきたとされる情報やファックス、そして「傾向」

についての議論も今後いっさい聞かずに済むことを願っています。わたしたちは昨日、人柄を中傷する言葉を多く耳にしました。ですが、これからはヒル教授の人柄を悪く言うことは、細心の注意を払って避けなければなりません。そうした中傷には根拠がありません。事実無根なのです。そして、率直に申し上げますが、候補者をごらんになれば、人種差別についての議論も必要ないことがわかります。今回のセクシュアル・ハラスメント問題はアフリカ系アメリカ人のアフリカ系アメリカ人に対するセクシュアル・ハラスメントだからです。問題となっているのは、人種差別ではなく、セクシュアル・ハラスメントなのです。ですから、わたしたちはこの特定の問題に的を絞って議論を進めなくてはならないのです。

このスピーチを聞いてわたしははっとした。わたしもわたしの証人たちも負けたわけではなかったのだ。けれども、真摯な態度で理路整然と説かれたこのスピーチを聞いても、共和党は相変わらずぬくぬくとぬかるみにはまったまま出ようとしなかった。一方、民主党議員も大義に目覚めて腐敗した承認過程を救おうと奮い立つこともなかった。

また、視聴者の耳にはすでに人種差別や偽証、共謀、そして不誠実といった言葉が声高に語られてしまった。こうした言葉がいかに根拠のないものであっても、一旦耳に入った言葉は聴衆の心に残る。仮にこの時点で公聴会から毒舌が一掃されたとしても、一般大衆の心から消し去ることはできないだろう。

折悪しく、この少し前にケネディー民主党議員の甥であるウィリアム・ケネディー・スミスがレイプ容疑で裁判に掛けられていた。この事実によってケネディー民主党議員の立場は弱められ、共和党議員はケネディー民主党議員の忠告を無視できるようになった。そして実際無視したのである。一方ケネディー民主党議員は民主党議員たちからも支持は得られなかった。こうした状況では、ケネディー民主党議員のスピーチは弱すぎたし、遅すぎた。

十三　都合の悪い証人はお呼びじゃない

却下された召喚状

この公聴会でこの上なく感動的だったのは、ウェルズやヘルヒナー、ポールといった人たちが自分たちの評判を危険にさらしてまで証言してくれたことだ。のちに彼らの個人的な生活にまで取り調べが及んでいたことを知ったが、その前にわたしは決心していた。

「これ以上、友人を共和党の暴挙の前に立たせるわけにはいかない」

わたしの人柄について証言したいと言って来てくれる人もいたが、彼らを公聴会に送るのは冷酷な行為に思えてとてもできなかった。戦略的にはわたしのこの選択はまちがっていると感じた人もいたが、それ以上証人を立てたところで委員会のメンバーを説得できただろうか。

日曜日の夕方、公聴会はようやく幕を下ろそうとしていた。

形勢がどちらに傾くかは、アンジェラ・ライトの証言によって決まる。皆そう期待していた。ところが委員会は彼女を召喚しなかったのである。彼女の証言のほうがわたしの人柄を評価する証言より、どれほど重要だったことか。そもそもこの公聴会はトーマスの行為と人柄について疑われている事実を検証する場であって、わたしの行為と人柄を吟味する場ではない。

週末、わたしたちはアンジェラ・ライトの証言を聞くのを心待ちにしていた。ライトはEEOCに勤めていて、トーマスにわたしと同じような行為をされたと言っていた。ところが日曜日の午後遅くなっても、委員長のバイデン民主党議員は今後の進行についてはっきりした態度を示さず、結局予定どおりに議事は進められなかったのである。アンジェラ・ライトはとうとう姿を現さなかった。

ライトは公聴会の場にいるわけでもないのに、信用できない人物として攻撃されることになった。トーマス判事自ら、彼女を評してこんな言い方までした。

「ライトはとるにたりない部下で、首にするべきなのです」

さまざまな証人がライトは自分勝手で、彼女の言うことは信用できないと証言した。

彼女が証言しない理由についても様々なうわさが流れた。最も多く聞かれたのは、ライトは共和党の前にさらされるのがこわくて怖《お》じ気づいたというものである。ところが、のちになってわかったことだが、そのとき耳にした話はすべて間違いだった。実際にはバイデン委員長自身がライトの召喚状を却下していたのだ。

誰の証言が必要なのか

おそらく委員会は単にライトを呼びたくなかったのだろう。バイデン委員長は時間がないと言い訳をした。その一方で、トーマスのために証言する女性は引き続き召喚されていたのである。委員会のこうした態度を目の当たりにしては「関連性の問題」を考えざるを得ない。トーマスの行為は不快ではなかったと証言する女性が何人にいようとも、それは彼がわたしに対して不快な行為をしたということと、なんの関連があるというのか。先のジョン・ドジットの証言や新聞の引用と事情は同じだ。わたしはトーマスがあらゆる女性職員を性的に扱ったと主張していたわけではない。

セクシュアル・ハラスメントについての正式な法廷では、彼女たちの証言は認められなかっただろう。問われている罪の被害者ではない人物が、自分たちはそのような罪の犠牲者ではないと証言する。このような法廷があるだろうか。法廷に準ずる裁きの場ですら、想像することができない。

一方、アンジェラ・ライトの証言は候補者の承認に関連している。トーマスはわたしが証言したような仕方で部下を扱ったことはない、といってわたしの証言を否定している。だから、アンジェラ・ライトが証言すれば、彼が真実を語っていないことが証明されたことになるだろう。スカリ・ハードネットという一九八〇年代半ばにトーマスの専任アシスタントをしていた女性の場合も同じだ。スカリはトーマスがわたしの証言と同じような行為をするのを目撃したという内容の供述書を委員会に提出していたのである。

その上、アンジェラ・ライトの証言はわたしの証言がなかったとしても、候補者の承認に関連している。ライトはこう言っているからだ。トーマスは女性の肉体の細部や外見についてオフィスで話していた。そのとき女性の体について下品な言葉を使うことが多々あった。彼は彼女の胸のサイズを聞き、彼女の外見のある部分が彼を「その気にさせる」と言った。また、ある晩、トーマスは誘われてもいないのに彼女のアパートの前に現れた。

ライトはトーマスの行為を迷惑に感じなかったというようなことを言っているが、ライトの証言を裏付けているローズ・ジュールラインはこう語っている。

「ライトはトーマスの言った言葉にショックを受けて、わたしのオフィスに駆け込んできたことがあったんです」

トーマスの行為をライトがセクシュアル・ハラスメントとみなしているかどうかはともかくとして、ライトの証言が指名候補承認に関連していることは明らかである。彼女の証言を聞けば、候補者の判断力や職場での人物像が浮き彫りになるからだ。

同じようにスカリ・ハードネットによれば、デートの誘いを断ったとたんに、トーマスは彼女に対して冷たい態度をとるようになったという。そして今度は女友達をデートの相手として紹介してくれるよう、彼女に迫った。トーマスは女性職員と仕事上の付き合い以外はしていないし、女性職員に対して個人的な関心を抱いたこともないと主張しているが、ハードネットの証言は彼の主張を退けるのに十分だ。さらに、ライトの証言同様トーマスの職場での態度や振る舞いを如実に映し出している。

ハードネットとライトの証言はわたしの主張を支持しているばかりでなく、候補者の承認に関連している。わたしたち三人の証言を合わせれば、トーマスがふだん職場で女性部下にどう接していたかがわかるからだ。

トーマスから被害を受けたハードネット、ライト、わたしの三人には共通点がある。まず、被害にあった当時だいたい同じくらいの年齢で、トーマスより年下だった。三人とも独身だったために誘惑に乗りやすく見えた可能性がある。また、南部か田舎町の出身でワシントンの権力筋とコネがほとんどない。しかも、三人とも黒人だ。

結局のところ、上院議員たちはわたしたち三人に敵意を抱いていたようである。ライトとハードネットは召喚されなかったし、わたしは国民からの圧力によって辛うじて証言を許されただけだった。

そして、後になってケイ・サヴィッジという四人目の女性がいたこともわかった。彼女もトーマスがポルノグラフィーに取り憑かれていたことを証言するために上院と連絡を取ろうとしていたのである。わたしがワシントンに住んでいた頃、ケイはレーガン政権に任命された要職に就いていて、わたしとトーマスの共通の友人でもあった。ところが委員会は彼女の供述書も受理しなかった。

こうした証人からの情報を拒否したのに加えて、委員会はセクシュアル・ハラスメントの専門家に意見を求めることもしようとしなかった。ルイーズ・フィッツジェラルド博士は長年にわたってセクシュアル・ハラスメントの研究をしてきた大学在籍の著名な心理学者だが、公式な形であれ、非公式な形であれ、委員会にセクシュアル・ハラスメントについての情報を提供しようと準備していた。セクシュアル・ハラスメント問題の概況報告書を委員会に提出することまでしていたのである。ところが委員会は時間がないという理由で彼女を召喚しないことになったと、後から報告しただけだった。

十四　ド・クラレンボー症候群

うそ発見器から精神分析へ

午後も遅くなって、午前中の曇り空が霧雨に変わった。わたしの証言を裏付ける証言の後、委員会は短い休憩に入った。ホテルの部屋には家族が教会から帰ってきたところだった。彼らは午前中の出来事についてなにも知らなかった。うそ発見テストの結果報告をする記者会見がテレビではじまるというので、エマ・ジョーダンが急いでみんなを集めた。記者会見は上院議員会館の外で行われることになっていた。テストの結果発表に臨んだのはポール・マイナーとチャールズ・オーグルトリーである。マイナーは自分の経歴とうそ発見テストの執行経験について説明すると、こう発表した。

「事件に関連する質問について、虚偽の印は認められません」

わたしがうそを吐いているという共和党の憶測が科学的なデータによって否定されたのである。集まっていた人びとのあいだから、歓喜の声や泣き声が湧いた。一方共和党の反応もこれに劣らず激しかった。ハッチ共和党議員はオーグルトリーを罵倒して言った。

「できそこないの弁護士がやりそうなことだ」

ダンフォース共和党議員の反応はもっと計算されたものだった。わたしに対する戦略を変更することにしたのだ。彼はわたしがうそを吐いているという理論を諦め、コネチカット州の精神分析家ジェフリー・サティノーバーと組んで前夜から探っていた理論に移ることにしたのである。

二日前、スペクター共和党議員は「ヒルはトーマスから好意を持たれていると夢想して訴えを起こしたのだ」という理論を展開するために、ジョン・ドジットによるわたしの精神分析結果を公聴会に持ち込んだ。

ところが、ドジットの似非《えせ》心理学が効を奏さなかったため、共和党議員は本物の精神分析を使ってわたしの訴えを非難することにしたのである。例によって、論拠は精神不安定の実際の証拠ではなく、非公式のコメントや全くの憶測だった。

そして、ダンフォース共和党議員はサティノーバー博士に加えてパーク・ディーツ博士に相談し、ド・クラレンボー症候群と呼ばれている症状について情報を入手した。これはふつう色情狂と呼ばれている。ある人物に対して取り憑かれたような恋愛感情を抱くという精神病で、フランスの精神分析医ガエトン・ド・クラレンボー博士が一九二一年にこの症状の患者を特定したので、彼の名にちなんでド・クラレンボー症候群と名付けられている。この症候群を患っている人は、標的である人物と恋愛関係にあると思っているが、実際にはそのような交際はない。患者は意中の人に求愛のカードや手紙を送ったり、直接会おうとしたりすることもある。特に重症な患者の例には、ジョン・ヒンクリー・ジュニアがいる。彼は恋愛対象である女優のジョディー・フォスターの気を引こうとして、レーガン大統領の暗殺を企てた。ヒンクリーについての公聴会で、たまたまディーツ博士がド・クラレンボー症候群について証言していたのである。

トーマス判事に対するわたしの証言がド・クラレンボー症候群によるという理論を展開するため

に、ダンフォース共和党議員は三つの決定的な事実を無視した。まず、わたしが証言した内容はド・クラレンボー症候群患者の行動パターンと合わない。わたしはトーマスに対して恋愛感情を抱いたことはないし、彼と深い関係になったこともない。逆にトーマスのほうでもわたしに恋愛感情を抱いていたとは思えない。それどころか、トーマスの行動はいつも冷静で威圧的だった。まるで政治権力の力こぶを振るって見せているようだった。大統領に任命された要職に就いているのだから、部下をどう扱おうと勝手だとでも考えていたのだろうか。公聴会では彼の行為の動機についてわたしなりの意見を述べた。けれども、上院議員たちはセクシュアル・ハラスメントの訴えを変態趣味の茶番劇くらいにしか考えていなかったらしい。

精神分析の誤用・悪用

そもそもわたしがクラレンス・トーマスに半狂乱の恋愛感情を抱いていたとしたら、職場の人が気づくはずである。そして、公聴会に来てそのことについて証言していただろう。しかし、わたしがクラレンス・トーマスに恋愛感情を抱いていたと言っているのはたった二人で、しかもひとりはフィリス・マイヤー・ベリー、もうひとりはトーマスの妻であるバージニア・トーマスなのだ。ミズ・ベリーは証言の中で彼女の意見の根拠を何も挙げることができなかった。またバージニア・トーマスにはわたしは会ったことがない。そして、「他の女性もトーマスを魅力的だと感じているはずだ」と彼女が考えているのは、夫に対する愛情に影響されているに違いないのである。

わたしの行動はド・クラレンボー症候群の症状に少しも似ていなかった。また、この病気の診断基準はどちらかというと曖昧で、患者と診断された人たちは女性より男性のほうが多いということである。ダンフォース共和党議員はこうした事実にはいっさい触れなかった。だから、現実にわたしがこのような機能障害を患っている可能性は非常に低いのである。これはわたしが実際にセクシュアル・ハラスメントの被害を受けたという可能性に比べてほとんど無きに等しいといえるだろう。

三人のアメリカ人女性がトーマスの行為の被害に遭ったと証言をしているのだ。それでもダンフォース共和党議員がわたしの証言を説明するためにド・クラレンボー症候群の理論に頼ったのは、こじつけ以外の何ものでもない。悪意さえ感じられるくらいだ。公正な態度で真実を導き出そうとしている人なら、最後の最後まで事実の裏付けなしに精神異常に原因を求めたりはしないだろう。そしてこれほど稀な精神病にわたしが罹っていると考えるよりは、わたしが真実を語っていると結論するだろう。ダンフォース共和党議員が理性に従って判断をしているとはとても思えない。合理的に考えてありそうなことより、ほとんどありそうにないことを信じているのだから。

彼のやり方は精神分析を無責任に誤用した典型である。彼は明晰な理由付けや科学的な理論によらずに、わざわざ人びとの固定観念に訴えようと計画的に精神分析を悪用している。こうした企ては危険思想と言っても差し支えないだろう。

被害の事実と被害の幻覚

公聴会から数年して、わたしはディーツ博士と電話で話せないかと連絡を取ってみた。彼に職業意識があれば、政治を犠牲にしても真実を語ってくれるかもしれない。わたしはこう考えて、公聴会で彼がどのような役割を果たしたのか尋ねてみようと思ったのである。

ディーツ博士はわたしと話すことを快く引き受けてくれたらしく、どの時間帯なら連絡を取りやすいかを教えてくれた。そして、二度も電話連絡を入れてくれた後、ついには自ら電話口に出てくれた。

彼の話では、彼が事件とかかわりを持つようになったのは、保守的な政治ロビイストから電話がかかってきたからだそうだ。そのロビイストは一九九一年以前にディーツ博士が反ポルノグラフィーの立場をとっていたのを見込んで、話を持ちかけた。そして、ダンフォース共和党議員は最終的にはワシントンまでディーツ博士を連れてきて、共和党議員たちと相談させたのである。

電話で話しているあいだ、ディーツ博士はド・クラレンボー症候群について情報提供をした自分の立場を弁護しつづけた。しかし、その一方で、こんな言葉も聞かれたのである。

「わたしは精神分析を事件にかかわらせたくはなかった」

そこで、わたしは彼の職業意識に救いを求めて聞いた。

「ディーツ博士、セクシュアル・ハラスメントの被害にあった人を誰か診察したことはありますか?」

「わたしの診療所で、ハラスメントの被害者を診察したことはあります」

彼はすぐさま答えた。

「では、先生はご自分の患者を診察した経験からセクシュアル・ハラスメントの被害にあった人たちの症状にお詳しいと思いますが」

彼はセクシュアル・ハラスメントの被害者を数多く診察していることを認めた。

「実際にセクシュアル・ハラスメントの被害にあった人たちの症状について聞いてきた共和党議員はいますか?」

彼は少し黙ってから、色情狂に関する仕事については聞かれたと答えた。

「セクシュアル・ハラスメントの被害にあったという幻覚に悩まされている人と、実際にセクシュアル・ハラスメントの被害にあった人をどのように区別すればよいか聞かれましたか?」

わたしはさらにつっこんで聞いた。

彼はまたしばらく黙った後で言った。

「いいえ、誰も聞いてきませんでした」


セクハラ問題に社会の目は向けられるようになったが

日曜日の晩遅くなって、ライトもハードネットも、そして二人の主張を裏付ける証人も証言しないことが明らかになった。ジョン・ドジットの理論や、トーマスの行為に問題はなかったと主張する女性たちの証言を聞いていると、すべてが非現実から超現実に移ってしまったように思えてきた。わたしの苦渋に満ちた体験は、奇怪でばかげた見せ物に変貌していたのである。

マスコミはセクシュアル・ハラスメント問題を無神経に扱い、放送には短い時間しか割かなかった。また、政府のスタッフや顧問はマスコミを巧みに操作していた。この二つが合わさって、報道はずさんなものになったのである。当然、独立系の報道機関まで、公聴会の会期を通じて共和党に同調することになった。

けれども、このように状況を分析できるようになったのは、後になってからのことである。公聴会の最中は、新聞を読んだりテレビを見たりするたびに、わたしの経験を反映しているニュースや論説を探しつづけていた。結局期待するような記事は何一つ見つからず、わたしはいっそう孤独感を強めていった。

うれしいことに、いまではマスコミは以前よりセクシュアル・ハラスメント問題に注目するようになった。そしてこの公聴会についても、もっと公正な評価をしようという試みがなされている。とはいえ、セクシュアル・ハラスメント問題やわたしに対する悪いイメージ、連邦最高裁判事候補の承認過程に市民がかかわっていくことの困難さといった印象が残ってしまった。非常に残念なことだ。

当時ニュースやニュース解説のばかばかしい報道を見て、わたしは深く傷ついていた。日曜日の夜には嫌気がさしていたほどである。もうこれ以上委員会の人物攻撃の前にわたしの友人もわたし自身もさらしたりはしない。わたしはこう誓っていた。マスコミも委員会も真相の究明に全く興味を示していなかったからだ。

帰郷

一九九一年十月十四日月曜日の朝、キャピトル・ヒル・ホテルの部屋でくつろいでいると、突然わたしは家に帰りたくなった。ワシントンを離れてオクラホマに帰ることで、すべてが終わってくれればいい。そんな気持ちになったのである。

「今日の午前中に帰るのよ。みんなに十時までに支度をするように言ってちょうだい」

わたしは部屋から姉のジョアンに向かって叫んだ。

「でも、後の公聴会はどうするの?」

ジョアンはわたしの言葉に驚いて聞いた。

「討論はもううんざり。二度と証言するつもりないわ。公聴会はこのまま閉会すればいいのよ」

この四日間せき止めてきた感情が、渦を巻いてほとばしり出た。そして、涙ながらにわたしは打ち明けたのだ。

「ただ家に帰りたいの」

正確な情報に基づいて判断したいと考えている人たちにとって、金曜日にわたしが行なった証言を聞けば十分なはずだった。わたしは再び公衆の前で証言をしなければならない理由があるだろうか、なにか達成しなくてはならないことがあるだろうか、ともう一度考えてみた。しかしそうした理由は見つからなかった。

上院議員たちには審理についての前向きな目標などほとんどなかった。民主党議員は最初から落ち着きがなく、共和党議員はわたしを破滅させるプロジェクトをやり遂げようと躍起になっていた。わたしが故郷に帰る準備をしているときですら、ダンフォース共和党議員はオーラル・ロバーツ大学の学生による訴えを出版するために画策していたくらいだ。しかし、彼の計画について何も知らないまま、わたしは二度と証言しないつもりで帰郷を決めたのである。

十五　「おまえのしたことは正しかった」

賛成五十二票、反対四十八票

一九九一年十月十五日の午前中、クラレンス・トーマスが投票の結果、連邦最高裁の陪席判事として承認されたというニュースがワシントンから届いた。

その日朝からロースクールの仕事で忙しくしていたわたしは、投票からできるだけ気をそらしながら、勝利を祈っていた。

だが、公聴会の後ノーマンまでわたしを追ってきた報道関係者は、わたしに投票のことを忘れさせてくれなかった。

「なにかおっしゃりたいことはありませんか?」

彼らは聞いてきた。その聞き方は自分の提出した法案の議決を控えた政治家に向かって、所感を求めるといった調子だった。彼らの念頭には、生々しい体験が国民の評決にさらされている個人の姿など全くなかったのだろう。

「彼らと共有したいものなど、なにもないわ」

わたしはこう思った。

一日中答えを要求し続ける報道関係者をうまくさばく必要があった。この大役を引き受けてくれたのは、学部長のアシスタントをしていたオーヴィッタ・バーミリャンだった。わたしは彼女にこう言って記者たちを追い払うように頼んだ。

「何も言うことはない」

報道関係者の中でもしつこい人たちはその答えでは満足せず、わたしがロースクールから帰宅するときに後を付けてきた。そして、通りをはさんだ向かいの家の庭にテントを張って居座った。わたしは家に入ると、通りの向こうに見える光景を遮ろうと、ブラインドを下げた。テレビカメラののぞき見趣味を家の中にまで持ち込みたくはなかったのである。しかし向かいの家の庭で起こっているどよめきまでカーテンで遮断することはできなかった。声は頭の内でも外でも鳴り響いていたからだ。いくら考えないようにしようと思っても注意がどよめきのほうに行ってしまう。結局全米の人々と同じようにわたしの頭も投票のことでいっぱいになった。

三大ネットワークのテレビが投票の模様を生中継で流すというので、ロースクールのわたしの同僚は二階の広間で待ちかまえていた。母と甥のエリックとわたしは奥の小部屋でテレビの前に座った。もはや結果から逃れることはできない。最悪の場合、わたしは最後の屈辱を味わうことになるだろう。また、よい結果が出たとしても、それが今まで期待した以上のものであることはないだろう。わたしたちは放送を待った。

形式どおりに投票が進められていくのを眺めていると、上院議員たちが緊張して神経を高ぶらせているのがわかった。三大ネットワークはスポーツの中継でもするように投票の模様を報道していた。劇的な効果を上げるために、クラレンス・トーマスの母親を生中継で出した局もあった。彼女はトーマスの実家であるジョージア州のピン・ポイントで投票の模様を見ていたのだ。

やがて投票の結果、クラレンス・トーマスはサーグッド・マーシャルの後を継いで、黒人としては史上二人目の連邦最高裁陪審判事として承認された。賛成五十二票、反対四十八票。連邦最高裁判事承認投票としては、史上最少の差である。四票の差というのはあらかじめ予測されていたより少ない数字だった。それでもわたしたち三人にとっては完全な敗北だ。

失望しましたが、驚いていません

わたしを思いやってか、ショックを受けたせいか、エリックと母親は黙ったままテレビを見つめていた。わたしの反応を刺激したり、空しくしたりしたくなかったのだろう。二人はわたしがなにか言うのを待っていた。

「まあ、こんなものよね」

わたしはこう言って沈黙をやぶった。この言葉はわたしのそのときの気持ちを深い部分まで反映していたわけではない。しかし、こう口に出したおかげで、みんないっしょに息をつくことができた。

意外にも最初に感情を露わにしたのは、いつもは慎重な母だった。

「きたないやつらだ」

彼女はこう言って上院議員たちを罵倒《ばとう》した。エリックは苦痛と怒りで口もきけないようだった。わたしは品位を保とうと、感情を爆発させないように努めた。ここで感情的になったりすれば、事をますます耐え難くするだけだ。わたしを慰めようとしてくれたのか母が言った。

「まあ、いいじゃないか。おまえのしたことは正しかったんだから」

母の言葉はいつも、簡潔で正鵠《せいこく》を射ている。

投票が終わるやいなや、ブッシュ大統領は祝辞を述べた。

「トーマスはわれわれに活力を与えてくれるすばらしい人物です。よくぞ頑張ってくれました」

一方、トーマスの母であるリオーラ・ウィリアムズはわたしに向かって言った。

「行いを悔い改め、祈りを捧げなさい」

わたしはこれまでどれほど多くの祈りを捧げてきたことだろう。また、これからも捧げ続けるだろう。リオーラ・ウィリアムズがそのことを知る由もない。しかし奇妙な形でわたしは彼女とつながっていたと言えるかもしれない。わたしの両親と同じように、彼女もまたマスコミの用意した見世物の一部だったからだ。

わたしを家まで追ってきていた記者の一団が玄関に詰めかけてきた。ドアのベルが鳴ると、わたしは戸口に出た。彼らを無視すれば根も葉もない推測を生むだけだし、下っ端の記者がさらに悪質な侵入を企てるかもしれない。

「投票の結果についてどう思われますか?」

記者のひとりが尋ねた。こんな考えのない質問をされては、答えを言葉にすることもできない。「投票結果についてどう思ったか」という質問は、無数の思いを呼び起こす。情報漏洩《ろうえい》や公聴会、そして審理のやり方、わたしの側に立ってくれた人たちへの思いがごちゃごちゃになって頭の中で渦巻いた。失望、苦痛、憤り、期待、屈辱感、幻滅、こうしたさまざまな思いの中から一つだけとりだして、「投票結果についての感慨」とするわけにはいかなかった。この場合、辛辣《しんらつ》な皮肉の一つもお見舞いするのが適当だったかもしれない。しかし、そのときそういう気の利いた言葉を用意してくれる助言者はいなかった。現代のジャーナリズムは人間を偶像のように扱うのに慣れすぎて、人を人として扱うやり方を忘れてしまったのではないか、とわたしは思った。母とエリックは広報宣伝の専門家ではない。舞台裏に回ってもわたしのそばには二人のほかには誰もいなかった。わたしは記者団を前に、何とか短い言葉をひねりだした。

「投票結果には失望しましたが、驚いてはいません」

この一週間、わたしは司法の承認過程に対して責任を果たすために、全米ネットワークテレビの放送に身をさらし、ひどく屈辱的な体験に耐えてきた。しかし、その時は自分と家族に対する責任から、屈辱感も反発も隠しておきたかったのである。

記者の一団はわたしの口から出たわずかな言葉をすばやくメモした。

「この経験を通じて、セクシュアル・ハラスメント問題に対する関心は高まりましたし、承認過程について理解が深まりました。ただ気がかりなのは、今日の結果を見て、公衆の前で情報を公開しようとする人たちが、思いとどまってしまうのではないかということです。そのようなことがないように願っています。セクシュアル・ハラスメントは重大な問題です。問題解決のための対話がここで途絶えることはありません」

この予言はのちに実現されて大きな意味を持っていくわけだが、当時のわたしにはその重大さがほんの少しもわかってはいなかった。

マスコミの世界

わたしは人生で最も大切な人を左右に抱きしめながら、玄関から室内にもどった。公聴会やその後展開された数々の運動、そして上院の承認投票からやっと解放される。それさえ叶えばいい。わたしはそう思った。供述書が漏洩《ろうえい》して以来失われた、わたしの平和な人生を取り戻したかった。一旦家の中に入って家族だけになれば、すべては終わるにちがいない。わたしは一瞬そう思った。翌日の一九九一年十月十六日は母エルマ・ヒルの八十歳の誕生日だった。わたしはそのことだけを考えたいと思った。次の朝が来ること、それだけがいま大切なんだと。

しつこい記者団は目的が達成されたとたん去っていった。ところが三十分ほどして、いくらかおとなしい別の一団がやってきた。彼らはコメントしたくないというわたしの気持ちを尊重してくれたけれども、わたしの発言を求めることは彼らの義務だったのだろう。わたしが何を言ったかは問題ではない。わたしは放送スタジオに送るための映像の断片でしかないのである。わたしは疲れ果て、すべてに嫌気がさしていた。もしそうでなかったなら、記者団が先を争って狂乱する様にユーモアを感じることができたかもしれない。しかし、そのときは少しもそんな余裕はなかった。

「言いたいことは、すべて言いました」

わたしは彼らに向かって答えた。すると彼らのほうから指図をしてきた。雇用主になにかを確実に持って帰りたかったのだろう。

「さっき来た記者団に言ったことを繰り返すだけでいいですよ」

結局、わたしはもう一度さっき言った言葉を繰り返した。

それでもこの記者たちはまだ礼儀を心得ていたと言えるだろう。ニューススクープをあきらめるという犠牲を払って、わたしのプライバシーを尊重してくれたのだから。マスコミの世界では、礼儀正しさとはその程度のものだということを先週わたしは思い知らされた。そして、その教訓はその後数ヵ月間、ますます強められることになる。ニュースのネタになったときわたしは全く無力だった。ところが、ニュースのネタから身を引こうとするときも同じくらい無力なのだった。

変化の原動力

公聴会によって人びとのあいだからほとばしり出た感情は大きな衝撃を与え、その刻印をいつまでも残すことになった。人びとのこの強烈な思いから、セクシュアル・ハラスメントの被害をこうむった女性が中心となった団体が誕生したのだ。団体のメンバーはそれまで全く不満を述べたことはなかった人や、不満を述べて自分の権利を主張するとさらに大きな苦痛を強いられることを思い知らされた人たちだった。この団体は憤りと体験に基づく志によって結束していたが、そうした怒りのはけ口も、意志を実現していく道もなかった。わたしたちにはセクシュアル・ハラスメント対策の具体的な政策と手続き、説明責任の制度が必要だった。しかし、現実の仕組みが整うのはまだ先のことである。

公聴会をきっかけに、女性たちは個人個人の体験にまつわる思いを噴出させた。けれども、制度の実現がその勢いに呼応したわけではない。セクシュアル・ハラスメント対策の法律や訴訟手続きは、公聴会後何年にもわたる試行錯誤が繰り返されながら、整備されていくことになる。そしてやがては公聴会の結果生まれた婦人団体が、政治や司法の面で変化をもたらす原動力となっていくのである。

人びとの公聴会に対する反応のすばやさには目を見張るものがある。まるで本能的な欲求に突き動かされてうめき声を上げたようだった。全世界の女性の胃に激痛が走ったのだ。その激しい痛みに駆られて女性たちは反応した。そこには戦略と呼べるようなものは何もない。セクシュアル・ハラスメント問題についての複雑な分析もない。内側からわき起こるなにかに駆り立てられて彼女たちは立ち上がった。

公聴会に呼応して上院の決定やセクシュアル・ハラスメントに反対するデモ運動が起こった。女性たちはワシントンの上院議員会館の正面階段に押しかけ、トーマスが連邦最高裁判事に承認されたことに反対した。世界各地の都市でも、至る所で怒りが爆発した。

「公聴会のやり方に抗議する！」

「トーマスを承認した投票に反対！」

「セクシュアル・ハラスメント反対！」

「選挙によって選ばれた議員たちは、セクシュアル・ハラスメント問題に無神経だ！」

女性たちはこうしたスローガンを掲げて、デモを組み、抗議したのである。オクラホマ州のノーマンやスティルウォーターにある州最大級のキャンパスで、活動を制限されてきた女性たちがようやく目を覚ますチャンスをとらえた。あるいは逆にチャンスが彼女たちをとらえたと言ってもいいかもしれない。

オクラホマ大学のキャンパスでは、セクシュアル・ハラスメント問題や女性の社会進出についてのデモや会議、セミナーが行われた。企画したのは投票のあった当時、ワシントンに滞在していた学生である。また、地元の女性センターのスタッフであるロビン・ドリスコは全米女性機構の地元支部を組織し、アメリカの各地でも同じような行動が見られた。

法律によって女性は虐待から守られていると考えていた女性たちも、法律だけでは十分でないと考えるようになった。女性はいまだに弱い立場に置かれていると悟ったからである。一般の人びとに性差別がまだ続いていることを理解してもらわなくてはならない。そして、そのためには女性が自ら運動していかなくてはならない。彼女たちはこのことに気づいたのである。

十六　エピローグ

一九九一年十月にわたしの身に降りかかった事件は、誰の身にも起こるべきではなかった。けれども、わたしが体験することになった。いまではあの事件はわたしの欠かせない一部分である。あの事件なしの自分は想像すらできない。公聴会以来わたしの人生は変わった。もはや以前の状態に戻ることはないだろう。事件の結果、はじめて脅迫されたときの恐怖が忘れられないのだ。昔のような安心した暮らしは二度とできないだろう。

ついこの間ノーマンのスーパーマーケットで友達が後ろから近づいてきて、名前を言わずにわたしに目隠しをした。わたしはパニックに陥り、それから何時間ものあいだ目隠しされたときによみがえった恐怖に震え戦くことになる。

公聴会から二年経っても、わたしは同じような反応をしていた。NBCのニュース記者たちが私道をわたしにむかって突進したときのことである。彼らはアニタ・ヒル・プロフェサーシップ（訳注、アニタ・ヒルの支持者の求めによりオクラホマ大学に一九九五年に認められたプロフェサーシップ。プロフェサーシップとは寄付金や大学の資金を財源に、選ばれた教授の年俸を上げる制度だが、アニタ・ヒル・プロフェサーシップは「性的偏見やセクシュアル・ハラスメントの分野で、アメリカ合衆国で評価されている教授」に授与される）について、わたしにコメントを求めに来たのだ。NBCからのインタビューの申し入れを断っていた。だから、記者たちが大慌てで駆け寄ってきたとき、いったいだれなのか全くわからなかった。

突撃インタビューという考えは浮かびようもない。ただ三人の男性がこちらにむかって突進してくると思っただけだ。そしてこれまで脅された経験から、走ってくる彼らを見ながらこんなことまで考えた。

「なにかまた悪巧みに、はめられるのだろうか」

わたしは怖くなった。しばらくしてやっと彼らが血気盛んな記者団にすぎないとわかったとき、わたしはこう思わざるを得なかった。

「この先確実に尊重されると信じて『ノー』と答えることができるだろうか」

ＮＢＣの重役は突撃インタビューをしたのはやむを得ない事情があったからだと釈明している。だが、結局は夜のニュース番組のために実家を背景にしたわたしのテレビ画像がほしかっただけなのだ。

わたしはいまになってようやく自分の気持ちを語りたいと思うようになった。大小さまざまな不正に対しても、もはや黙っていられなくなった。確かに今受けている屈辱は、公聴会当時に上院議員や一般の人びと、マスコミから受けた屈辱にくらべれば、ずっとおとなしいものである。それでも自分の思いを語ろうと思ったのは、そうした周囲の変化より重要な変化があったからだ。それは公聴会がわたしに呼び起こした反省である。

深刻な打撃を受けて自分の世界が崩れようとしていた公聴会当時、わたしは自分にとって何が本当に大切なのかという問題に、いやでも目を向けざるをえなかった。引き裂かれ、破壊された世界を再構築しようとするなかで、わたしは人生をそれまでとは違った観点から深く考えるようになったのである。人種や性別、職業によって属してきたいくつかのコミュニティーと自分との関係をもう一度立て直したい。そう思ったとき、わたしは家族や友人、信仰の大切さを痛感したのである。

「また挑戦しますか?」

わたしはよくこうたずねられる。答えはいつも同じだ。わたしは心の底から何度でも答えるだろう。

「供述書を一旦提出したからには、問題を追求するでしょう。質問されれば、できるだけ率直に、はっきりと証言するでしょう。わたしは何度でも挑戦するつもりです。世界中から寄せられた有形無形の助けさえあれば」

母の家事の中で最も印象に残っているのが、キルティングである。母は裁縫の残り布や着古した服から細かい布きれを集め、大小さまざまな幾何学模様に切り、いろんな色や形の組み合わせを作っていた。わたしはその姿を見て感心したものだ。布の表と裏に針が何千回行き来したことだろう。表地、芯、台布が縫い合わされて完全なキルトになるのである。

母がキルティングをするのはいつも冬だった。恐ろしく長い冬の夜を、キルティングをしながら紛らしていたのだろう。母は注意深くギンガムとデニムを分け、ウールやオーガンジーを区分けする。茶色の布は黄色や緑の布といっしょにし、青やピンク、赤の布はそれぞれに分ける。無駄な布は一つもない。どの布も生かされるのである。着古されて服としての役割を終えたスカートやブラウス、パンツやシャツが、その後もキルティングの一部として、運命付けられた生を生きつづけているかのようだ。

わたしはキルティングを教えてもらったことはない。それでも公聴会が終わったとき、なぜか母のキルティングが思い出された。わたし自身、数々の経験をごく最近のことまですべてつなぎ合わせ、自分の人生として縫い合わせようとしていたからだろうか。ようやく健康を取り戻したとき、わたしにはさまざまなコミュニティーと和解するという課題が残されていた。それまでわたしは肌の色や性別、仕事により、アフリカ系アメリカ人のコミュニティー、女性のコミュニティー、そして大学というコミュニティーに属してきた。なかには今回の出来事を通じてつながりが深くなったコミュニティーもあるが、関係がひどく悪くなってほとんど分断されてしまったコミュニティーもある。だからわたしは断片をすべて集めて、人生を作り直さなくてはならなかった。

一九九二年の春になって、ようやくわたしはキルティングを熱心に習いはじめたのである。わたしの人生のどの一場面も、見捨てたくはなかった。人生の断片一つ一つを抱きしめ、人生そのものを変化させていきたい。そして、より豊かになっていきたい。わたしはそう決心したのである。いま、秋が冬に移り変わろうとしている。むかしキルティングをしている母を見つめながら、わたしはなにかを学び取っていたのだろうか。そんな思いが胸をよぎった。

訳者あとがき——ヒル・トーマス公聴会の社会的背景とその後の展開

アニタ・ヒルの告訴は反セクハラ運動の火付け役として知られる。しかし、ヒル-トーマス公聴会では政治や人種問題にセクハラ問題が押しつぶされていた。セクハラ問題自体に向き合おうとする発言は聞かれず、政治絡みの陰謀や人種差別といった内容に問題がすり替えられていた。

ヒルの告訴が表面化する前、百名の上院議員（民主党五十八名、共和党四十二名）のうち過半数の票を得て、トーマスは承認されると見られていた。十三名の民主党議員がトーマス承認に賛成すると表明していたからである。にもかかわらず、ヒルの告訴が新聞の一面を飾ったとたん、トーマスの置かれた立場は危うくなったと見られている。そこでトーマスは汚名を晴らしたいという口実で、承認投票の延期、セクハラ疑惑の真相解明を目指した公聴会の開催を要請した。これがいわゆるヒル-トーマス公聴会である。

トーマスが指名された当初、ヘフリン、バイデン両民主党上院議員はトーマス支持を明らかにしていたが、ヒルの告訴が表面化するとトーマス支持から反対に転じた。また、ある世論調査ではトーマスの支持率はヒルの告訴のテレビ放映後、男性が十四パーセント、女性が十八パーセントも減少した。ところが、黒人のトーマス支持率はヒル-トーマス公聴会後五パーセントも上昇し、上院議員本会議での投票では、ヒル-トーマス公聴会前にトーマス支持を表明していた民主党上院議員十三名のうち黒人人口の多い南部選出議員七名を含む十名がトーマスに賛成票を投じたのである。(1)

ヒル-トーマス公聴会の後で、黒人のトーマス支持率はなぜ上昇しているのだろう。ヒル-トーマス公聴会をめぐる政治闘争、人種差別問題を見ながら考えてみたい。

アメリカの二大政党と連邦最高裁

まず、アメリカ政治の基本的な事柄について確認しておきたい。

アメリカ合衆国では、公民権運動の推進と妊娠中絶合法化の是非は国を二分する政治問題とされている。二大政党である民主党、共和党はこの二つの問題に対して相反する態度をとることによって、それぞれの特色を有権者に明確にする。その両極の間に穏健派、中道が存在するのは言うまでもないが、二大政党の基本方針を単純化すると次のようになるであろう。

民主党は人種差別、性差別に反対するリベラルな政党であり、公民権運動の推進、妊娠中絶合法化を支持する。一方、保守である共和党はその反対の主張を掲げ、黒人をはじめとする少数派や女性の権利を認めることには消極的である。

ヒル-トーマス公聴会が開かれた当時の連邦最高裁では、すでに民主党の主張を支持する伝統が築かれていた。つまり、公民権運動の推進を支持し、妊娠中絶合法化を認める判決が下されていたのである。ある民主党上院議員はこう説明している。

「とりわけ『白人のアメリカ』が『黒人のアメリカ』に保証しなくてはならないのは、公民権運動の成果である公民権法は揺るぎないものであり、公民権法に基づく判断が下されることには疑問の余地がないということです。連邦最高裁はこのことを最終的に保証する機関です。歴史的に職や教育、十分な社会参加から排除されてきた少数派の皆さんには、実際にチャンスが与えられなければなりません。連邦最高裁はそうした必要に理解を示すべきなのです。[2]」

この民主党のカラーが定着しつつ連邦最高裁に、共和党のブッシュ大統領は保守派のクラレンス・トーマスを送り込もうとしたのである。候補者クラレンス・トーマスとはどのような人物だったのだろうか。次にクラレンス・トーマスの生い立ちを見てみよう。

クラレンス・トーマスの生い立ち

クラレンス・トーマスはアメリカ南東部のジョージア州（州都アトランタ）のサバナ市近郊にあるピンポイントという田舎で、一九四八年に生まれた。一九五五年に実家が焼失すると、トーマスはサバナ市に住む祖父のもとで暮らすようになる。私立高校卒業後、一九七一年にアメリカ北東部の名門ホーリー・クロス大学を卒業し、一九七四年にエール大学ロースクールを卒業した。その年、ミズーリ州の法律家協会に加入し、一九七四年から一九七七年までミズーリ州政府に勤務。その後、アメリカの大手化学会社モンサントの法務スタッフとなった。

一九七九年にはジョン・C・ダンフォース共和党上院議員の部下となり、一九八一年から教育省で公民権問題を担当した。一九八二年からはレーガン政権下、性差別の監督機関である雇用機会均等委員会（EEOC）の委員長となる。積極的是正措置（アファーマティブ・アクション：大学入試や政府機関及び民間企業での雇用において一定の割合いで黒人や女性を採るよう義務づけなどの少数派を優遇する方策）を公然と非難するなど、伝統的な公民権運動を批判する保守派の論客として一九八〇年代後半から頭角を現し、一九九〇年にブッシュ大統領から控訴裁判所（アメリカの連邦裁判所組織における中間上訴裁判所）に任命される。一九九一年七月、ブッシュ大統領から連邦最高裁判事候補に指名されたが、黒人として歴史上はじめて連邦最高裁陪審判事になったサーグッド・マーシャルの後任としての指名だった。そして、一九九一年十月、上院本会議において連邦最高裁陪審判事として承認されたのである。

トーマスはかつてEEOCというセクハラ問題を監督する機関のトップにあって、一九八八に制定されたEEOCのガイドラインを自らサインして承認した人物なのである。だがその一方で、EEOC委員長時代のトーマスはレーガン政権のハチェット・マン（ハチェットは英語で手斧の意味。人員・予算削減などいやな仕事を引き受ける人）として知られていた。彼はEEOCの予算が半減し、取扱件数が減らされるのを黙認したし、積極的是正措置についても発想自体を非難していた。このようなトーマスの反公民権的、性差別的な態度は、実の姉エマ・メイ・マーティンについての発言に端的に表れている。

一九八〇年、レーガン大統領の就任演説が行われた日に黒人保守派の会合が開かれたが、その場でトーマスは貧しい黒人に対する生活保護の実施を激しく非難した。生活保護を政府から受けていた姉について彼はこう語った。

「郵便屋が遅れて生活保護の小切手がなかなか来ないと姉は逆上したものですよ。政府援助に依存しきっているのです。さらに悪いのは子どもたちも同じように小切手を得る資格を持っているということです。おかげで彼らまで今の境遇から抜け出すために努力しようという気力を失っているのです」

トーマスはこう言って姉を侮辱した。

ところが、実際のメイはトーマスのこの発言とはかけはなれていたのである。

メイの人生は弟のトーマスとは違ったものだった。トーマス一家の家が焼失した後も、男兄弟とは違ってメイは年老いた叔母の世話のためにピンポイントに残り、高等教育を受けるのも断念した。やがて結婚して三人の子どもを産み、夫と別れた後はひとりで子どもを育てた。トーマスがエール大学に通っている間も、メイは最低賃金の仕事を二つかかえて家族を養っていた。ところが、彼女を育ててくれた叔母が脳卒中で倒れたためやむなく仕事を辞め、介護や子育てに専念して生活保護を受けることにしたのである。受給期間はたったの四年半。それ以外は他の下層階級の黒人女性と同じように病院の夜食作りなどの低賃金労働による収入で生活していたのである。

政府の方策の恩恵に浴していたのは、姉のメイばかりではない。トーマス自身、積極的是正措置のおかげでエール大学に入学できたのである。実の姉について事実を歪曲したり、自分の受けた恩恵を無視したりしてまで保守派の関心を引いて法律家としてのキャリアを築こうとする野心家トーマスの姿が浮かび上がってくる。

それではアメリカの二大政党の伝統とクラレンス・トーマスの人物像を踏まえて、ヒル‐トーマス公聴会の政治的な背景について見てみよう。

一　アメリカ政治とヒル‐トーマス公聴会

セクハラ問題が問われるべきヒル‐トーマス公聴会を支配したのは政治最優先の論理だった。政治家たち、特に共和党はなぜ卑劣とすら言える行為に走ってまでトーマスを承認させようとしたのか。民主党はどうして不可解な行動をとったのか。トーマスを連邦最高裁判事に指名するということはどのような政治的な意味を持っていたのだろうか。トーマス指名の四年前、同じく連邦最高裁判事に指名されたロバート・ボークの場合と比較しながら整理したい。

極右候補ロバート・ボークはなぜ否決されたか

状況判断を誤った共和党　ブッシュ大統領が黒人であるクラレンス・トーマスを指名した背景には、その四年前のレーガン政権時に極右思想の持ち主ロバート・ボークを指名して上院に否決された苦い経験があった。

政権は共和党、議会の多数派は民主党という状況のなかで保守派の判事を連邦最高裁に送り込む——これが、レーガン、ブッシュ両大統領に課された共通の課題だった。そして、この目的を達するには、黒人有権者の支持によって選出される南部出身の民主党議員をどう取り込むかが鍵だった。同じような政治状況のなかで指名されたロバート・ボークとクラレンス・トーマスの承認投票に至るまでの経緯はどのように違っていたのだろうか。そしてどのような原因が重なって、ボークは否決され（賛成四十二、反対五十八）、トーマスは承認された（賛成五十二、反対四十八）のだろうか。

ロバート・ボークを連邦最高裁判事候補として擁立することは、共和党にとってどのような意味があったのだろう。

ボークを連邦最高裁判事に指名した一九八七年は、レーガン政権にとって物議をかもした長期政権の末期にあたっていた。終盤に花を添えるべく、レーガン大統領は司法を保守色にするという公約を果たさなければならなかった。すでに下級の連邦裁判所の裁判官を白人の保守派で固める計画が、着々と実行に移されており、連邦最高裁でも保守派のレンクイストを長官に昇進させる、同じく保守派のスカリアを判事に就任させるなど、保守派のブロックが形成されつつあった。この司法の保守化計画の総仕上げが、極右候補ロバート・ボークの指名だった。保守穏健派として知られるパウエル判事の後任である。パウエルは保守とリベラルが対立する問題で、連邦最高裁判決の鍵を握る人物とされていた。

ボークは連邦最高裁判事候補としていくつかの問題を抱えていた。まず、極右思想の持ち主であるというだけでボーク反対の大論争が予想された。また、公民権運動家やフェミニストがボーク指名を契機にレーガン政権の司法保守化に対する不満を爆発させかねなかった。ボークは連邦最高裁の判決を左右するパウエルの後任である。ボークが連邦最高裁入りすれば、連邦最高裁の判決の伝統が覆される可能性がある。公民権運動家たちが強い危機感を抱くことは間違いなかった。さらにボークの人柄が横柄であったのもマイナス要素だった。

共和党は候補者をボークに決めたとき、こうした問題を十分考慮していたとは言い難い。その後に明らかになる共和党の支援体制は非常にお粗末なものだったからである。共和党としての支援と呼べそうなものは、指名からひと月ほど経ってレーガン大統領が行った支持演説くらいだった。

また、ボーク自身も上院司法委員会での証言で、国民に対する自己ＰＲに失敗した。「公民権を守る連邦最高裁の伝統を揺るがすような存在ではない」と国民に自分を印象づけるべきであったろうが、彼はその労を怠った。

一致団結した反ボーク運動　弱々しい共和党の支援体制に対して、公民権運動家を中心としたボーク反対運動の動きはすばやかった。

連邦最高裁判事承認過程では随時世論調査が実施され、その数字の動きを見ながら上院議員たちは投票での賛否を決定していく。当然、有権者の心理をどのように動かすかは承認投票の結果を大きく左右する。

こうした事情を踏まえて、公民権運動家は歴史上はじめてプロのオーガナイザーを雇った大衆向けキャンペーンを繰り広げた。マーケティングの事前調査や世論調査の技術を駆使して有権者の心理を予測し、メディアコンサルタントを使って「ボークは反アメリカ的」というメッセージを伝えるために最も効果的なテーマを選び出した。黒人コミュニティーのラジオ番組では、ボークの反公民権的な言動が放送され、妊娠中絶合法化反対勢力としてボークを警戒していたフェミニストも公民権運動家たちに協力した。

その結果、南部出身の民主党議員は一名を除いてボークに反対票を投じ、賛成四十二、反対五十八でボークは否決された。そして反対した議員たちはその理由として、ボークが反公民権的な思想の持ち主であり、連邦最高裁の築いてきた公民権運動の推進と妊娠中絶合法化の支持という伝統を覆す危険があるとはっきり述べた。

黒人候補クラレンス・トーマスはなぜ承認されたか

用意周到な共和党の戦略　次にクラレンス・トーマスが指名されたときの共和党の動きを見てみよう。ボーク候補のときの失敗はどう生かされたのだろうか。

ボークのときとは打って変わって、トーマス指名時の共和党の動きは敏速で万全を期していた。まず、上院議員たちに対する対策から見てみよう。

連邦最高裁判事候補の承認過程は、大統領が候補者を指名し、上院司法委員会での検討・投票を経て上院本会議での投票で承認される。上院司法委員会では投票前に指名候補の適否を検討する公聴会が開かれるがその前にトーマスは百名の上院議員（民主党五十八名、共和党四十二名）のうち、半数以上の上院議員に対して挨拶回りを済ませていた。

指導には元レーガン大統領の右腕と言われたケネス・デューバースタインやブッシュ政権の戦略家で黒人のフレッド・マッククルアが当たるといった力の入れようだった。トーマスはこびへつらいに近い慇懃で低頭な姿勢で上院議員たちを訪れ、「類まれな出世を果たした、ごく普通の男」として自分を印象づけた。いかにも南部出身の白人が好みそうな黒人像である。さらに善良なトーマス像と対照させるために、共和党は民主党のケネディー上院議員やバイデン上院議員の個人的な倫理観をテレビ広告で酷評した。

ボーク指名時には公民権運動家とフェミニストが結託した結果ボークは否決された。トーマス指名時のフェミニスト対策はどのようなものだったのだろうか。フェミニストに対して共和党が用意した策略も巧妙だった。トーマスの公民権運動に対する言動を検討する素振りを見せつつ問題をすり替え、平等とはいかに達成されるのか、少数派や女性の雇用枠を設ける政策の結果本当に恩恵がもたらされているのだろうか、といった疑問を投げかけることによって、EEOCでトーマスがとった反フェミニスト的な態度――EEOCの予算・取り扱い件数を削減した――からフェミニストの関心をそらせたのである。

周到なトーマス支援体制の白眉が「ピンポイント・ストーリー」である。ピンポイント・ストーリーとは、共和党の意を汲んだメディア戦略家が総力を結集して体裁を整え、大々的に宣伝したトーマスの幼年期にまつわる物語で、ジョージア州の片田舎ピンポイントの貧しい農家に生まれた黒人トーマスが、自力でアメリカ社会のトップに登り詰めるサクセス・ストーリーである。ピンポイント・ストーリーを聞けばトーマスが気骨のある人物であることが自ずと知れるのであり、「最も貧しいアメリカ人ですら、政府の援助なしに社会のトップに登ることができる」という共和党の主張が現実味を帯びてくるのである。ピンポイント・ストーリーによって、トーマスは「アメリカン・ドリームの体現者」として国民に強くアピールすることになる。

ピンポイント・ストーリーが黒人の心を大きく捉えたのは言うまでもない。だが、トーマスのサクセス・ストーリーに特に胸を打たれたのは、黒人の中でも下層の黒人だったであろう。トーマスの前任者サーグット・マーシャルが中流階級出身のエリートで公民権運動の寵児であったのに対して、トーマスは貧しい家庭の出身で草の根的な存在であった。この事実がピンポイント・ストーリーからは鮮やかに浮かび上がってくる。したがって、下層階級の黒人にとってトーマスはサーグッド・マーシャルよりずっと身近に感じられたことだろう。

人種差別による障害を認識してはいても、黒人もアメリカン・ドリームを生きたいと強く願っているのであり、勤勉と祈りによって社会の頂点に登ることもできると信じたいのである。ピンポイント・ストーリーを聞いた貧しい黒人たちはトーマスに同化しながら、それぞれ成功の夢を膨らませたことだろう。

また、ピンポイント・ストーリーは白人アメリカ人にも強烈な印象を与えた。白人アメリカ人は一般にアメリカの社会制度や政治システムが合理的で公正であると信じている。そしてこのことを実感できる証拠を常に求めている。生まれが卑しくとも勤勉は報われるという法則がアメリカという公正な社会ではすべての人に認められると思い込みたいのである。

だが、理想としては公正で合理的なアメリカに、人種差別という現実が存在するのは否定できない。こうした理想と現実の狭間で揺れ動く白人の良心を、ピンポイント・ストーリーはうまく捉えた。トーマスこそ、まさに公正なアメリカと差別の現存するアメリカを調停させる実在だった。貧しい出身でしかも黒人であるトーマスが、連邦最高裁判事というアメリカ社会最高の地位に就こうとしているのである。良心的な白人アメリカ人にとってこれほど心地よい満足感を与える話はない。「十年前に不快な言葉を使ったという告訴によって、トーマスは目前にした夢の実現を妨害されている。これは公正と言えるだろうか」という問いに対して、ほとんどのアメリカ人は「ノー」と答えるであろう。(3)

元来アメリカ人には田舎生活の良さや移民体験による性格形成を評価する強い信念があり、ピンポイント・ストーリーはこのアメリカ人の通念をうまく利用したとも言える。宣伝のポスターには、バスでピンポイントからワシントンまでやってきたトーマスの元隣人である老人とトーマスのツーショットが使われ、こんなメッセージが書かれた。

「わたしはピンポイントを去ったが、ピンポイントはわたしを去らなかった」

指名当初から、全米はトーマスの成功を祈る雰囲気に包まれた。

「われらのブラック・ボーイがえらくなったものだ」

人々はこぞってトーマスに声援を送り、口々に唱えた。

「トーマスにできるなら、誰にだってできる。トーマスにできないなら、誰にもできっこない」

ピンポイント・ストーリーの大々的な宣伝には、保守派の黒人を政界の「新しい声」とするニュースが添えられた。この「新しい声」はそれまでいわゆる公民権運動の正統派に押されて影を潜めていたが、やっと脚光を浴び始めたというのである。

このようにトーマスの適否を問う公聴会がはじまる前に、世論はトーマス支持に大きく傾いていた。実際に公聴会の場になると、前述のピンポイント・ストーリーが反公民権的な記録についての攻撃からトーマスを守ることになる。公聴会のオープニングからトーマスはピンポイントでの幼年時代の描写や黒人が分離された学校に通ったこと、英語が満足にしゃべれないため英文学を専攻したことなどを並べ立てた。

ピンポイント・ストーリーに恐れをなした上院議員たちはトーマスの反公民権的な態度について問いただすこともできず、トーマスがＥＥＯＣ委員長時代、レーガン政権の意向を汲んで組織の予算削減などを引き受けていたことも、自分も恩恵を受けた積極的是正措置の発想を批判していたことも、国民の前で明らかにすることはなかった。

おかげで、国民にはピンポイント・ストーリーの印象のみが強く残ることになる。

身動きのとれない民主党、公民権運動家

こうしたトーマス支援一大キャンペーンに対して、民主党や公民権運動家たちはどのような対応をしたのだろうか。

トーマス指名直後の民主党議員や公民権運動家の反応は、コメントを差し控えるという極めて消極的なものだった。トーマスは黒人であるというだけで黒人票を集める候補である。それに加えて、ピンポイント・ストーリーによる大がかりな宣伝効果で、全米がトーマスを後押しする応援団と化していた。こうした状況の中で、民主党議員や公民権運動家たちの置かれた立場は微妙だった。トーマスは保守派で反公民権的な思想の持ち主である。その一方で、黒人であるという特性により、黒人の心を一挙につかんで離さない候補でもあるのだ。

ケネディー、レーヒー両民主党上院議員をはじめ、公民権運動家たちがこぞってトーマスに対する賛否を明らかにするのを控えた背景にはこうした事情があった。

難しい状況の中で民主党は戦略らしい戦略を用意していなかったようだ。トーマスはまさに公民権運動を叩くことによってキャリアを築いてきた候補だった。だからトーマスを公民権運動に対する態度について攻撃することは、それまでのどの候補の場合よりもたやすかったはずだ。それなのに、民主党はトーマスの反公民権的な側面を国民の前にさらすことはなかった。公聴会の開かれる段階では、一般の黒人はトーマスの反公民権運動的な記録についてほとんど知らなかったから、民主党の出方によっては、彼らの認識を改めさせることも可能だった。だが、民主党議員たちはその好機を逃したのである。

さらに、民主党のとった態度のせいで、公民権運動支持を表明している共和党の穏健派に逃げ道が用意されたことにもなった。トーマスが反公民権的な思想の持ち主であるにもかかわらず、トーマスを支持するとことができるようになったからである。

そして、いざ上院司法委員会で投票が行われると、トーマスに反対票を投じた議員たちの反対理由は内実を欠いていた。例えば、ヘフリン民主党上院議員は「良心にしたがって、トーマスに反対した」と説明した。公聴会の場でトーマスが従来の（反公民権的な）主張の責任を逃れるような発言をしたというのである。トーマスに反対したその他の議員たちが挙げた理由も不甲斐なかった。トーマスが自分の法哲学を説明しなかった、積極的是正措置を批判した以前の発言に対して責任を逃れるような発言をした、連邦最高裁判事承認過程を嘲笑した――こういった逃げ腰の理由が並べられた。民主党議員たちのとった態度にたまりかねたケネディー上院議員は「（批判すべき）トーマスの思想が消滅している」と言って非難したくらいだった。

民主党議員たちが委員会の投票でトーマスに反対した理由を「トーマスは反公民権的な思想を持っているから」と明確な形で示していたら、国民や南部選出の議員は違った動きを見せていただろう。特にヘフリン民主党議員のような大御所がトーマスは反公民権的だから反対したと明言していたら、黒人有権者や黒人に支えられた南部選出の民主党議員ばかりでなく、上院議員一般にもなんらかの影響を与えていたと考えられる。

二　人種差別問題とヒル-トーマス公聴会

黒人コミュニティーの内部告発問題

アニタ・ヒルがクラレンス・トーマスをセクハラで訴えたということは、黒人コミュニティーにとってどのような意味を持っていたのだろうか。セクハラ告訴という元来男女の対立で考えられる問題に、黒人対白人という人種問題はどう影響したのだろう。

多くの黒人にとってアニタ・ヒルの告訴は女性が男性を告訴した事件であると同時に、黒人が黒人を訴えたという内部告発でもあった。先の世論調査で、黒人のトーマス支持率はヒル-トーマス公聴会前後を比較すると公聴会後に五パーセント上昇していた。黒人にとってヒルの告訴は単なるセクハラ問題以上の意味を持っていたことがわかる。

白人による人種差別と戦ってきた黒人コミュニティーには、いわゆる「汚れたシーツ」の問題が常に存在してきた。つまり、黒人コミュニティー内の「汚れたシーツを人前で洗うな」という暗黙の了解があるのである。黒人コミュニティー内の性差別を表沙汰にして議論すれば、そこに白人がつけ込んでくる。黒人が結束して人種差別に抵抗しなくてはならないとき、白人は黒人コミュニティーに残っている性差別を利用して黒人コミュニティーに亀裂を生じさせようとするし、また、性差別の存在を取り上げて、黒人コミュニティーを非難しようとする。だから、黒人コミュニティー内の性差別を白人の前にさらすべきではない、と多くの黒人は考えているのである。

このような考え方に至った背景には、黒人の公人が女性問題を理由に白人から揶揄されることが多かったという歴史的事実がある。キング牧師は女ったらしと嘲笑され、聖職者で公民権運動家でもあるアダム・クレイトン・パウエルはビミニ諸島（フロリダ沖合にある西インド諸島のリゾート）に入り浸っているといって侮辱された。黒人が黒人を女性問題で告訴するという行為は、白人から受けた屈辱を連想させる、黒人コミュニティーに対する一種の反逆だったわけである。

「汚れたシーツ」の発想によると、アニタ・ヒルは告訴の内容が真実であったとしても、それを二億人の白人の前にさらすべきではなかったのであり、ヒルの行為は白人に「黒人男性の劣等性を売る行為」だったのである。(4)

黒人男性と白人フェミニスト

ヒル・トーマス公聴会は黒人男性と白人フェミニストとの対立とも考えられていた。

黒人コミュニティーの風習に関する研究には、黒人男性を白人男性より性的な存在として捉えるものがある。そして、その理論では、男性が優位に立っているアメリカ社会で黒人男性は人種差別という障害により、男性として十分な活躍の場を与えられていないから、性的に女性を抑圧することによって、男性としての欲求不満を解消しているのである、というような議論が展開されるという。

白人フェミニストの主張の背景には、この黒人男性のイメージが影を落としているのは否定できない。黒人男性を性的存在として捉えようとするこの種の理論は、白人女性の間に黒人男性に対する恐怖心を煽るのに十分だからである。

逆に黒人男性はこうした恐怖心に煽られた白人フェミニストに対して必要以上の反感を抱いており、反フェミニストの視点からヒル-トーマス公聴会を眺めていたと考えられる。

一般的な反フェミニストの主張は次のようなものである。

・白人女性は黒人に渡るはずの仕事を奪っている。人種差別のおかげで白人女性は黒人男性より高い地位に就いている。

・白人フェミニストの不満より、人種差別問題のほうが切実な問題である。多くの黒人男性が失業して路頭に迷っているという状況で、高学歴高収入の女性が職場に対して不満を述べるのはおかしい。

・白人フェミニストは黒人コミュニティーの団結に亀裂を生じさせ、黒人コミュニティーが白人による人種差別に立ち向かうための力を削いでいる。

黒人男性の間に広まっていた反フェミニスト的な考え方がヒルに対する評価に影響していたことは容易に想像が付く。黒人男性はこう主張するであろう。

・ヒルはエール大学ロースクールに学ぶという最高の教育を受け、法学部の教授にまでなっている。多くの黒人男性は大学の代わりに刑務所に入っているというのに、職場でセクハラ被害に遭ったといって不服を述べる権利はない。

・ヒルが白人のいつもの手口である女性問題を使って、社会のトップに就こうとしている黒人男性を引きずり降ろそうとしている。
・ヒルも白人フェミニスト同様、黒人男性を犠牲にしてのし上がろうとする野心的な女性の一人に違いない。

このように、アニタ・ヒルの行為を見る黒人男性の心理には白人フェミニストのイメージが影響を及ぼしていたと考えられる。

三 アニタ・ヒルの生い立ちとヒル-トーマス公聴会後の展開

アニタ・ヒルの生い立ち

公聴会の中で、知的なエリートであるアニタ・ヒルは労働者階級の女性の気持ちを知るはずはない、という議論が展開された場面があった。彼女はどのような生い立ちの女性なのだろうか。

アニタ・ヒルはアメリカ中南部のオクラホマ州（州都オクラホマ・シティー）のローントリーという田舎の愛情深い家庭に生まれた。両親は農夫で、十三人の子どもに恵まれ、アニタはその末っ子である。オクラホマ州法で黒人と白人の共学が認められたのは一九六十年代になってからだが、アニタはそれ以前から、児童数の減少により合併された黒人白人共学の学校に通っていた。ローントリーに電話が引かれたのは六十年代後半になってからで、アニタが十三歳のときである。

学校を卒業したアニタはオクラホマ州立大学に進学し、心理学を専攻する。自然科学専攻を希望していたが、田舎出身で自然科学の分野で十分な知識を身につけていないこと、黒人女性であるために周囲からも後押しがなかったことを理由に文系科目を選んだという。そしてやがて社会科学に興味を覚え、ロースクール進学を志すようになる。ハーバード大学と迷った挙げ句、エール大学のロースクールに進学。一九八〇年に卒業するとすぐにワシントンの法律家協会に加入し、そのまま商取引を扱う法律事務所に勤務する。

もともと公民権運動に関心の高かったアニタは法律事務所を辞め、政府機関で働く決心をする。その転職先が教育省だった。このときからクラレンス・トーマスの部下として働くようになる。一九八一年のことである。

トーマスとアニタが初めて会ったのは、二人の共通の友人ギルバート・ハーディのアパートでのことだった。ハーディはアニタが勤めていた法律事務所で働いていて、住んでいたアパートも同じだったため、アニタとはかなり親しかったようだ。

アニタはトーマスの第一印象について、「人好きのするタイプではなく、がさつな感じ」と語っているが、ハーディが「トーマスはレーガン政権の要職に就けば活躍するに違いない」と保証したので、トーマスの元で働く決意をしたという。レーガン政権に肩入れしたトーマスの元で働くことは、公民権運動のために尽力したいというアニタの転職の動機とは矛盾するが、彼女はたとえ共和党政権の政府機関で働いても、何らかの形で公民権運動に貢献できるはずだと考えていたと語っている。

教育省での一年未満の勤務ののちアニタは雇用機会均等委員会（ＥＥＯＣ）に移ったトーマスの誘

いに応じてＥＥＯＣに移り、一九八三年まで法律顧問を務める。トーマスの部下として働いた期間は教育省とＥＥＯＣとを合わせて二年間ということになる。

やがてセクハラに耐えられなくなったアニタは一九八三年七月にトーマスのもとを離れ、オクラホマ州タルサにあるオーラル・ロバーツ大学の教職に転職する。アニタはこの大学で唯一の女性教師であり、また、唯一の黒人教師でもあった。

この教職を三年勤めた後、一九八六年にオクラホマ大学法学部に移るが、ここでも彼女は唯一の現職黒人教師だった。就任当初、大学では彼女が黒人であることを理由に学生が抵抗し、アニタは人種差別の存在を実感したという。採用が決まったのは彼女が女性で黒人であるという理由によるのであり、能力によって選ばれたのではないと批判されたり、授業中に学生が反抗的な態度をとったりしたということだ。

公聴会の後も教職を続けていたが、一九九七年にオクラホマ大学を辞め、公民権や職場でのセクハラについての講演及び執筆活動に専念するようになる。講演先は広範囲にわたり、カナダ、フランス、イタリア、日本の大学も訪れている。現在はマサチューセッツ州ブランダイス大学教授である。本書の書評に「セクハラでの権利、性差別、人種差別をめぐる論争に火を付け、今世紀最も論議を呼んだ人物の一人」と紹介されるほどで、テレビに出演したり、クリントン大統領のセクハラ疑惑についてコメントしたりと、今でも人々の注目を集めている。

その後の展開

冷たい世論

ヒル-トーマス公聴会が終わり、上院本会議での投票でトーマスが承認されても、アニタ・ヒル個人に対する関心は止まなかった。アニタ・ヒルが公聴会の後大学の教職に戻ろうとすると、学生新聞に地元の政治家から解雇の要求が送られてきたり、講演に招かれれば、会場となる大学でアニタに講演させることや講演料の額について常に議論になったりと、彼女に対する反発は続いた。一回の講演料に三万ドルもらっているのではないかと騒がれたこともあった。

アニタ・ヒル・プロフェサーシップの実施が難航しているのも、保守派勢力からの抵抗の強さを示す一例である。

アニタ・ヒル・プロフェサーシップとは、「性的偏見やセクハラ問題の分野で全国的な知名度のある研究者」に年金を支給しようという試みで、ミネソタ州選出の下院議員グロリア・シーガルが発案した。アニタとシーガルは一九九一年十一月十五日にカリフォルニア州コロナドで行われた女性政治家たちの決起集会ではじめて会った。アニタはこの集会に講演者として招かれた女性法学者四人のうちの一人だった。

シーガルはこのときアニタにヒル-トーマス公聴会の重要性を熱く語り、アニタ・ヒル・プロフェサーシップの企画を持ちかける。ヒル-トーマス公聴会について徹底的に究明していくことが、今後のセクハラやその他の職場での性差別問題の研究に重大な意味を持つ。こうしたタイプのプロフェサーシップはアメリカでは初めての試みだが、要するに職場での性差別をなくすための研究に携わる学者に資金援助をしようというものである、と彼女は説明した。

アニタはシーガルの熱意に胸を打たれたものの、この計画が現実のものとなるとは期待していなかったという。ところが、シーガルはオクラホマ大学当局から寄付金を集める公式の認可を得て募金活動に入ると、一九九二年の十月までに十万ドルを越える寄付金を集めたのである。

その後シーガルの死によって当初の勢いは削がれたものの、一九九三年初夏、アニタ・ヒル・プロフェサーシップはオクラホマ大学評議員会に掛けられることになった。しかし、それまで議論抜きで七十五ものプロフェサーシップを認めてきた大学当局は、アニタ・ヒル・プロフェサーシップの承認をしぶった。問題とされたのはプロフェサーシップの内容ではなく、「アニタ・ヒル」という個人がかかわっているという点だった。

一九九五年十二月までにアニタ・ヒルの支持者たちが二十五万ドルもの寄附金を集めると、アニタ・ヒル・プロフェサーシップはやっと大学から認められ、州法により二十五万ドルが州政府出資されて、合計五〇万ドルの財源が確保された。それでも反対派の抵抗はやまなかったのである。一九九八年五月になっても受給者は選ばれず、一九九八年五月の時点でも、空席のプロフェサーシップをめぐって寄付者を中心とするアニタ・ヒルの支持者と保守派の卒業生を中心とする反対者の間で、大学を二分する論争が続いているという有様だった。[5]

オクラホマ大学法学部当局がアニタ・ヒル・プロフェサーシップを空席のままにする決定を行うと、寄付者から抗議が殺到した。だが、法学部長は法学部の縮小計画やアニタ・ヒル・プロフェサーシップの受給者に課された厳しい条件、基金の多くが寄付金によっていることなど、言い逃れとしか思えない理由を挙げただけだった。しかし、大学当局がこのような決定を下したのは、保守派の政治家からの圧力に屈したためだと寄付者たちは睨んでいる。

実際、保守派の卒業生や保守派の批評家はアニタ・ヒル・プロフェサーシップを廃止しなければ、オクラホマ大学法学部をつぶすため、全国的な無記名投票を実施するといって脅しをかけていた。また、当時からオクラホマ大学の学長はデヴィッド・ボーレン元民主党上院議員で、トーマス承認投票時にはトーマスに賛成票を投じた人物だった。ボーレン氏は学長に就任してからトーマスを支持したことを後悔していると言っているが、法学部当局がアニタ・ヒル・プロフェサーシップ空席を決定した背景には、ボーレン学長の圧力があったとも見られている。

そして一九九九年五月にはアニタ・ヒル・プロフェサーシップは受給者が選定されることなく廃止され、五〇万ドルの寄附金は寄附者と州政府に返金されることになってしまったのである。

明るい展望　アニタ・ヒルに対する保守派の反発は根強かったが、一方でヒル-トーマス公聴会はのちの女性運動、反セクハラ運動の原動力となった。社会はもはやセクハラ問題に目覚めた国民の意識を無視できなくなった。セクハラ関連の出版物やセクハラ問題を特集するテレビ番組が増え、セクハラについての新講座を設ける大学も現れた。企業もセクハラ対策に乗り出さざるを得なくなった。

ヒル-トーマス公聴会の影響は数字の変化としても、はっきりと表れている。一九九一年にはたった六八八三件だったEEOCへの苦情件数は、一九九三年には一万二千件以上に急増した。また、EEOCが支払いを命じた和解金の総額も、一九九二年の一二七〇万ドルが一九九三年には二五二〇万ドルに倍増した。[6] さらに、女性政治家支援団体であるエミリーズ・リストの会員数はアニタ・ヒルの告訴直後六倍に跳ね上がった。[7]

先に取り上げた一九九一年十一月十五日にカリフォルニア州のホテル・デル・コロラドで開催された女性政治家の決起集会にアニタ・ヒルは講演者として参加したが、このとき彼女と共に集会に招かれた四人の女性法学者たちは前代未聞の激励と賞賛をもって迎えられ、会場はロックコンサートを思わせる熱狂ぶりだったという。

そして一九九二年に行われた連邦議会選挙では女性候補者たちはアニタ・ヒル支持を訴えた活発な選挙活動を展開し、その結果、上下両院で三十二名だった女性議員数が一挙に五十四名に急増するという大躍進を果たしたのである。この年は「女性の年」と呼ばれるほど女性運動が盛り上がりを見せた年だった。

さらに、アニタ・ヒルの告訴は一九九一年十一月の公民権法改正の動因にもなった。一九九一年の公民権法改正はセクハラ被害者の救済の幅を広げた重大な法改正として知られている。一九六四年の公民権法は性による差別を禁じているものの、具体的に何が悪いのか明示していなかった。しかし、一九九一年の公民権法では、セクハラ被害に対する損害賠償に懲罰的罰金を加算することが認められたのである。

ブッシュ大統領はヒル-トーマス公聴会が開催されるまで新公民権法に強く反対していたが、ヒルの告訴後突然議会側に譲歩し、法案成立への道が開かれた。ブッシュが譲歩に踏み切ったのは、ヒル-トーマス公聴会のテレビ中継によってセクハラに対する意識が高まり、これ以上公民権法改正に反対すると翌年の大統領選で女性の支持を失いかねないと判断したためと見られている。

アニタ・ヒルの告訴はまさに制度を変革する原動力となったのである。黒人運動指導者であるジェシー・ジャクソンは言っている。

「アニタ・ヒルこそ、セクシュアル・ハラスメント問題における『ローザ・パークス』[8]である。」

四　結び――語る勇気

原書の割愛部分にはアニタの姉たちが証言に疲れた甘党の妹を思いやってクッキーやキャンディーを差し入れるエピソードが登場する。テレビカメラのライトを浴びながら、ずらりと並んだ厳めしい上院議員たちを前に証言する、凛々しいアニタ・ヒルの姿とは全く違った一面がうかがえてほほえましい。

アニタ・ヒルはエール大学ロースクール卒業の法学部教授という肩書きだけでも、「手強い女性」をイメージさせる。さらにヒル-トーマス公聴会に臨むという一大難事を成し遂げた後、アニタ・ヒルは一般庶民とかけ離れた英雄に祭り上げられている感がある。

しかし、逆にわたしは敢えて彼女の素顔に目を向けてみたい。ジーンズにトレーナーを着て、クッキーをうれしそうにつまむアニタの側面に光を当ててみたい。アメリカ政治の実権を握る共和党を相手にセクハラ被害について真実を語るという勇気ある偉業を成し遂げた女性は、ごく普通の日常生活を送る、ごく普通の女性でもあるのである。

ヒル-トーマス公聴会にまつわる政治闘争や人種問題を整理した後、アニタ・ヒルの持った「語る勇気」の大きさがいっそう強く感じられる。しかし、一方でこんな疑問が湧いてこないだろうか。アニタの勇気ある行為の偉大さを感嘆するだけで終わらせてしまってよいものだろうか。彼女の持った勇気を特別なキャリアを持つ特別に強い女性のみに許された特権として片づけてしまってよいものだろうか。わたしたちはアニタ・ヒルのなかに自分たちとの共通点を見つけ、彼女の偉業をなんらかの形で自分の行動と結びつけていくべきではないだろうか。

アニタ・ヒルの告訴は公民権法改正の触媒となり、女性運動に活力を与え、女性議員急増の引き金となった。一見日常生活とかかわりの薄い社会制度の変革が、ささやかな日常を持つ人間の心に宿った思いからはじまっていくことの証である。そして、内面にわき起こった思いを「語る」という行為によって社会とつなげていくこと――これこそが現実的な社会変革への第一歩であるということを、アニタ・ヒルの告訴は物語っているのである。

本書の原題を直訳すると「権力に向かって真実を語る」となる。無力な個人は真実を「語る」という行為を武器にして、権力に向かって立ち上がることができるのである。アニタ・ヒルの告訴が明らかにしたのは、個人にとっての「語る」行為の大切さでないだろうか。

ここで、クラレンス・トーマス支援のためのピンポイント・ストーリーで使われたキャッチフレーズをアニタに当てはめて引用することは、それほど見当はずれではないだろう。

「アニタにできるなら、誰にだってできる。

アニタにできないなら、誰にもできっこない」

個人の「語る勇気」がもたらす力を「信じる勇気」――アニタ・ヒルが身をもって教えてくれたの

はこのことだったと言えよう。

この訳書が権力を前に自分の思いを秘めている人々、特にセクハラ被害に遭いながらひたすら耐え忍んでいる方々に「語る勇気」を与えるきっかけとなれば幸いである。

謝　辞

この訳書を抄訳するにつきましては、多くの方々に御尽力いただき、貴重な助言も多くいただきました。こうした方々の協力と励ましがなかったなら、この本はこのような体裁をとることはできなかったでしょう。小野寺規夫・加代子先生ご夫妻、松本博行先生、半場道子先生、D・W・サーフェン先生、アメリカン・センターの担当者の方、校正を手伝ってくださった片桐和子さん、そのほか多くの友人たちに、この場を借りて深くお礼を申し上げたいと思います。

そして、さまざまなお手数をおかけした編集者の村岡侖衛氏にも、心からお礼を申し上げます。

注

(1) M.A.Burnham, "The Supreme Court Appointment Process and the Politics of Race and Sex," in *Race-ing justice, en-gendering power*, ed.T. Morrison (New York : Pantheon

Books, 1992) p.306-307.
（2）Burnham, ibid., p.297.
（3）Burnham, ibid., p.315-316.
（4）Burnham, ibid., p.309.
（5）V. Richardson, *The Washington Times*, May 25, 1998.
（6）NEWSWEEK 日本版 一九九四年九月二十一日号 p.58 "Anita Hill professorship divides law school,"
（7）1998 EMILY's List
（8） 一九五五年にバスで白人男性に席を譲ることを拒否したアメリカ合衆国アラバマ州モントゴメリーの黒人女性。当時黒人はバスの後部に座り、白人が席を要求した場合は譲ることになっていたため、ローザ・パークスは警察に逮捕された。この事件は公民権運動の象徴的な出来事の一つとされるモントゴメリー・バスボイコット運動の火付け役として知られ、一九五六年にはバス座席を白人と黒人で分離することを違憲とする連邦最高裁判決が出ている。モントゴメリー・バスボイコット運動は『ロング・ウォーク・ホーム』（リチャード・ピアース監督、シシー・スペイセク主演、一九九〇年）として映画化された。

［参考資料］

A.F.Hill, *Speaking Truth to Power* (Doubleday, 1997)：本書の原書
M.A.Burnham, "The Supreme Court Appointment Process and the Politics of Race and Sex," in *Race-ing justice, en-gendering power*, ed.T. Morrison (New York : Pantheon Books, 1992)
C.Stansell, "White Feminists and Black Realities: The Politics of Authenticity," in ibid.

The Washington Times, May 25, 1998.
池田理知子「アメリカの裁判はどう変わってきたか(2)」(『セクシュアル・ハラスメント〔新版〕』〈有斐閣選書〉一九九八年)
NEWSWEEK　日本版　一九九四年九月二十一日号
1995-2000, Studio Melizo

解　説

小野寺　規夫
山梨学院大学法学部教授・弁護士
前東京高等裁判所民事部判事

1　アメリカ連邦最高裁判所判事の選任について

(1)　一七七六年の独立宣言によってイギリスから独立したのは、アメリカ合衆国という一つの国家ではなく、一三の邦（state）だった。この一三邦は、国家連合（United States of America）を組織する。連合は、唯一の機関である連邦会議（Congress）によって政策決定を行うとされている。その基本的な法として合衆国憲法があるが、これは、日本のような単一法国の法律ではなく、州を構成単位とする連邦国家として立法されたものである。この合衆国憲法により連邦政府には、立法部（上院（Senate）と下院（House of Representatives）で構成する合衆国議会（Congress））、執行部（大統領（President））、司法部（最高裁判所（Supreme Court）および下級裁判所（Inferior Court））の三権の機構がもうけられており、そして、各州は、各自の政治機構をもち、立法・司法・行政について、連邦からは独立している。

司法の分野においても、各州の最高裁判所の頂点に連邦最高裁判所がある。各州の最高裁判所はなおそれぞれの憲法のもとで、独自の組織をもっている。すなわち、立法部（現在は、ネブラスカ州が一院制である以外すべての州で二院制である）、執行部（知事（Governor））、司法部（各州に最上級裁判所と下級裁判所がある）を組織している。

(2) 連邦制のもとでは、連邦の司法制度と州の司法制度とが並立することになる。そして、連邦の体系は、合衆国憲法および連邦法によって認められた範囲でのみ権限を有し、連邦に独占されていない分野については、州の一般的権限が及ぶことになる。裁判所体系においても、連邦裁判所と州裁判所とが併存し、連邦裁判所の専属管轄でない限り州裁判所は管轄権を有する。日常的な民事事件や刑事事件の管轄については、原則として、州裁判所に専属し、連邦裁判所の関与はない。合衆国最高裁判所といえども州裁判所からの上訴管轄権を有する場合に限定されている。民事事件においては、連邦裁判所と州裁判所が競合管轄を有する場合もあるし、州裁判所が連邦法を適用することや、連邦裁判所が州法を適用することもあり得る。もちろん、連邦法と州法とが抵触すれば連邦法が優越し、州の裁判官といえども最高法規である連邦法に従う義務があるとされている。

(3) 連邦裁判官の任命　連邦裁判官としての最高裁判所・控訴裁判所・地方裁判所などの合衆国憲法に基づいて設立された裁判所の裁判官は、憲法第二編二節二項に基づき大統領の指名と合衆国議会の上院の「助言と承認（advice and consent）」―多数決による承認（confirmation）―とによって任命される。その構成員は九名である。

任命は、キャリア裁判官としてではなく特定の裁判所の裁判官としてなされるので、昇任や転勤はない。

連邦裁判官となるための要件としては、合衆国国民であることも年齢も弁護士資格もなにもなく、単にその裁判所の管轄地域内（または法定の地域内）に居住することが義務づけられているだけである。最高裁判所裁判官（下級裁判所裁判官も同じである）は、上院での承認が必要とされ、上院での承認には、実質的な審査がなされ、承認が否決されることや、承認の見込がなくなったために大統領が指名を撤回することも稀にはあるという。上院司法委員会（Judiciary Committee）の審査では多様な意見を聴取するが、指名された者に対するアメリカ法律家協会（American Bar Association）による四段階評価——「類稀に適任（exceptionary well-qualified）」、「大変適任（well-qualified）」、「適任（qualified）」、「不適任（not qualified）」——も参考意見として少なからぬ意味をもつといわれている。大統領の指名および上院の承認には、①候補者の法律家としての適格性、②党派的考慮（とりわけ大統領が自分の党の人間を指名するのは当然のようにみなされている）、③当該州選出の上院議員の立場や面子《メンツ》、④候補者の政治的・思想的傾向、といった要素が複雑にからみあって、どの要素がより重視されるかは時代によっても場合によっても異なっている。いずれにせよアメリカ政治において連邦裁判所の判決が重要な要素となっていることを反映して、連邦裁判官——裁判所の役割が広いため、裁判官も狭い意味での法技術者でよいとは考えられていない——の任命方針については大統領も上院議員も重大な関心を示している、とりわけ合衆国最高裁判所裁判官の任命は、大統領自身の任期が終了した後の政治や社会にも大きな影響を与える可能性の高い条件であることから、マス・メディアや社会の注目をも集めることになる（本稿(1)・(2)・(3)は、浅香吉幹著『現代アメリカの司法』による）。

2　日本の最高裁判所裁判官の任命

(1)　日本国憲法七九条、裁判所法三九条によると、最高裁判所は、その長たる最高裁判所長官および一四名の最高裁判所判事の合計一五名の最高裁判所裁判官で構成される。最高裁判所長官は、内閣の指名に基づいて、天皇が任命し、最高裁判所判事は、内閣が任命する、と規定されている。

裁判所法四一条は、最高裁判所裁判官の任命資格については、全員識見の高い、法律的素養のある年齢四〇歳以上の者であることを要求している。しかし、一五名の裁判官のうち一〇名までは、裁判官・検察官・弁護士などの通算二〇年以上の経験していることなど、同条所定の条件を充たしている者であることを要するが、五名までは、このような要件を充たさなくてもよいとしており、法律専門家の世界に限定されない広い分野から人材を登用するのを可能としている。

もっとも、現在の選任方法については、法令上の規制は全くなく、内閣がオールマイティの権限のもとで、秘密裡に、非公開で実施されている。任命に関する報道記事等から推測されるところでは、事実上は、法務大臣の手元で人選が進められていると言われている。その場合、最高裁判所の意向はどの場合でも聞くほか、いかなる分野から後任を選任するかなどに応じて、検察・法務部内と、日本弁護士連合会や長老格の弁護士などの全部または一部に意向を、適宜、公式・非公式に聞いた上で行っている。

事実上の諮問にあずかる人の範囲や、最高裁判所裁判官の候補の対象となる人の範囲も、ともに当初から極めて限定された少数の人達であるようである。人選が煮詰まった段階で、首相と最高裁判所長官との会談が持たれ、そこで事実上最終決定がなされ、閣議決定、任命、認証の運びとなる。具体的選任経過は、時の首相や長官の個性、どの分野出身者の後任者の選任の場合であるかの違いなどに応じて異なり、ケース・バイ・ケースで、事実上、それらの会合も政府と最高裁判所、首相と法相のいずれをとるかはさまざまであり、また後任人事をめぐって政府と最高裁判所の意見が対立したり、弁護士から選任の場合に日本弁護士連合会などの推薦または推薦順位を無視されたり、また人選についてあまりに政治的な人事だと世の批判を招いたりした場合も過去にはあった。

(2) 最高裁判所裁判官の実質的任命権は、長官の場合も判事の場合も、内閣にあるのであるから任命に際してその広範な裁量が働くのは当然といえよう。しかし、最高裁判所の極めて重要な任務に照らし、その裁判官の人選は、国民の人権保障が十全に果たせるよう、国家的・国民的立場に立った公正・妥当な人選が、明朗かつ安定的な手続きのもとで実現されることが望まれるのであり、姑息な、次元の低い、党派的・政治的意図によって左右されることは、なんとしても防がなければならない

(日本弁護士連合会編『最高裁判所』による)。

3 我が国におけるセクシュアル・ハラスメント

現在の私たちの社会は、男性社会であり、そのなかでは、いわゆるセクハラ（セクシュアル・ハラスメント）という性的な嫌がらせが堂々とまかり通る世界といえるし、最近になってやっと、法的救済が認められてきていると言うことができる。

一九九七年（平成九年）六月に改正され、一九九九年（平成十一年）四月一日から施行された「雇用

の分野における男女の均等な機会及び待遇の確保などに関する法律」二一条によって、それは、使用者にセクシュアル・ハラスメント防止義務を定め、あわせて、成文法として初めてセクシュアル・ハラスメントの定義を行ったものである。

この改正された二一条は、使用者が負うセクシュアル・ハラスメントの禁止を次の二つの形態に分けて定義している。その一つは、「職場において行われる性的な言動に対してその雇用する女性労働者の対応により当該女性労働者がその労働条件につき不利益を受ける形態」と呼ばれる対価型セクシュアル・ハラスメントである。その二は、「性的な言動により当該女性労働者の就業環境が害される形態」とよばれる環境型セクシュアル・ハラスメントである。これによって、やっと、わが国の労働行政もセクシュアル・ハラスメントの世界的動向に追いつこうとの努力の一端が見受けられた。しかし、この法律は強制力をもたず、雇用主に対する法的な制裁のない各企業の努力目標を定めたものであり、その実効性には不安がある。

わが国の司法の分野では、セクシュアル・ハラスメントに対する使用者の責任については、それらの行為が行われた職場における女性に対する不法行為または債務不履行としてその責任が争われてきた。それらの裁判例にあらわれた判断による、セクシュアル・ハラスメントの事案についてみると訴訟における立証活動の困難さと司法救済として現れた事実は社会のほんの一部の事件でしかないのではないかとの感想を抱かざるを得ない。そして、最近では、すこしずつ、セクハラによる被害の賠償を求める裁判が提起され、その責任追及の結果は、実行行為者だけでなく、使用者である企業の責任も認める判決がだされている。

この考え方は、最近の法律の社会では、企業社会におけるセクハラ事件のみではなく、大学社会のセクシュアル・ハラスメントの問題（大学における「セクハラ」の問題として、大学では、「アカデミック・ハラスメント」（通常は「アカハラ」といわれている）の方が深刻な事態を招くことが予想される。

我が国における司法の発想で、本件を検討するならば、極く一般的には、上司である男性が部下である女性に対して行なった事態が証拠によって認められるとすると、その行為は、法的には、まさにセクシュアル・ハラスメントに該当する疑いがあるということができよう。もっとも、本書の舞台は、アメリカ連邦最高裁判事候補者の承認手続の中での問題提起であり、わが国におけるセクシュアル・ハラスメントの事案は、裁判所に訴えとして提起され、法律問題として取りあげられたのとは、全く異なる場面での議論であるということができる。片や政治上の問題であり、わが方は、法律上の問題であるとの違いであるといえる。そして、本書での舞台は、アメリカの連邦最高裁判事候補承認の委員会における政治的な動きとマスコミとの対応の問題であるから、法律学の立場からすると、法律問題としてのセクシュアル・ハラスメントの問題としては、少し距離があるとの不満を抱くことも予想されるところである。しかし、セクシュアル・ハラスメントの問題に関心を持つ者としては、本書のアメリカにおける議論は、参考に値する一事案ということができる。

本書をそのような目で読んでみることも必要であり一つの読書方法であると思う。

4　訳者について

本書の訳者・伊藤佳代子さんは、平成十二年四月十五日の夜突然亡くなられた。それはあまりにも突然のことであった。まさにこれから若き翻訳者としての活躍を期待していたときに突然他界してしまった。彼女とのつきあいのあった私達夫婦にとっても、また周りの友人たちにとっても、彼女の死は、あまりにも突然であり、私に取っては、大事な掌中の玉を失った感じであり、未だに彼女の死を肯定することができない毎日である。

彼女は、東京大学大学院医学系研究科神経生理学研究室（高橋智幸教授）に教授秘書として勤務しながら、本格的な翻訳者を目指し、日夜研鑽に励んでおり、将来の翻訳者としての目標は、先輩としての翻訳家・深町真理子氏に私淑していたようである。

本書は、彼女の最初の仕事として、渾身の努力を傾けて翻訳の仕事に当たっていたと聞いていた。そして、それが最後の仕事になってしまった。その結果および成果は、読者の皆様の評価を待つことになると思う。ここに残されたご家族への哀悼の意を表し、彼女のご冥福を祈りたい。

5　本書の翻訳の経緯について

本書が、翻訳されるに至った経緯は、二年前に私の妻が米国神経科学会出席のため渡米した際に友人であるアメリカ・オクラホマ大学の松本博行教授から「面白い本があります。法律的にも面白いと思います」と手わたされたことから始まる。本書は、アメリカ連邦裁判官の選任について、アメリカ連邦上院での候補者への承認をめぐっての手続の中で提起された問題であり、これについての申立人側の言い分が記されているのです。これは訴訟上の問題としての法的判断と言うよりは、アメリカ合衆国の連邦裁判所判事の選任にかかわる政治的な判断過程で提起された問題が主となっているといえよう。しかし、アメリカの連邦裁判所裁判官の任命に関する手続きの一端を知ることができる貴重な資料といえます。

そこで、私は、信山社の村岡侖衛さんと相談した結果、アメリカの司法制度の一端を知ってもらうためにも是非とも本書を出版したいとの話に進み、翻訳者として、当時、翻訳の勉強に意欲を燃やしていた伊藤佳代子さんにお願いしたのです。彼女の翻訳の原稿は早くにできあがっていたのですが、解説を書くことになっていた私の怠慢から時間をとってしまい発行が遅れてしまったものです。それが、やっとできあがり、今回出版の運びとなったのです。しかし、一緒に喜びを共にする彼女がこの世にいないことは、返す返すも残念でなりません。かさねて彼女のご冥福をお祈りいたします。

なお、この本のカバーの絵は、伊藤佳代子さんの依頼で、友人の斉藤律子さんが描いて下さったものです。伊藤さんに代わって斉藤さんに深くお礼を申し上げます。

［二〇〇〇年（平成一二年）五月三〇日脱稿］

著者・訳者紹介

アニタ・ヒル (Anita Hill)

オクラホマ州ロートリー生まれ。1991年連邦最高裁判事候補クラレンス・トーマスに対してセクシュアル・ハラスメントの告訴をしたことにより一躍有名となる。オクラホマ州立大学，エール大学法学部卒業。オクラホマ州立大学法学部教授を経て，現在マサチューセッツ州ブランダイス大学教授。

伊藤佳代子 (いとう かよこ)

東京大学経済学部経済学科，東京都立大学人文科学部哲学科卒業。　2000年4月逝去。

アニタ・ヒル　権力に挑む　セクハラ被害と語る勇気

初版第1刷発行　　2000年　9月20日

著　者　アニタ・ヒル

訳　者　伊藤佳代子

発行者　今井貴＝村岡侖衛

発行所　信山社出版株式会社

〒113-0033　東京都文京区本郷6-2-9-102
TEL 03(3818)1019　FAX 03(3818)0344

印刷・製本　エーヴィスシステムズ

ISBN4-7972-5146-8-C3032

水谷英夫・小島妙子編

夫婦法の世界　四六判　本体二五二四円

◆内容一覧——

第1章　婚姻（法律婚）の開始

[Ⅰ　婚姻の準備段階]

「婚約には法律で決まった手続があるか」ほか2問

[Ⅱ　婚姻の要件]

「婚姻は、誰でも、いつでもできるのか」ほか3問

[Ⅲ　婚姻の早期解消]

「成田離婚は法律上どのように扱われるか」

[Ⅳ　婚姻による姓の変更]

「改姓することにより負う負担には、どのようなものが考えられるか」ほか4問

座談会

第2章　婚姻の継続（効果）

[Ⅰ　婚姻の法律効果]

「婚姻届の法的意味。「結婚」の法律効果は」ほか1問

[Ⅱ　夫婦間の身上関係]

「夫婦間の同居・協力義務は」ほか3問

[Ⅲ　夫婦間の財産関係]

「夫婦間の約束の効力。夫婦間契約の取消権が問題となるのはどのような場合か」ほか12問

[Ⅳ　夫婦と労働]

「「結婚退職」・「出産退職」は許されるか」ほか2問

[Ⅴ　夫婦と税金]

「妻のパート収入が夫の税金等に与える影響は」ほか1問

[Ⅵ　夫婦と扶養・介護]

「扶養とは。「私的扶養」と「公的扶養」の違い」ほか8問

座談会

第3章　婚姻の終了（解消）

[Ⅰ　離婚の実情]

「わが国における離婚の実情」

[Ⅱ　協議離婚]

「離婚するにはどんな方法があるか」ほか2問

[Ⅲ　離婚原因]

「離婚原因の現在・過去・未来」ほか10問

[Ⅳ　離婚給付]

「財産分与の沿革」ほか7問

[Ⅴ　子の監護]

「離婚後の子の親権」ほか7問

[Ⅵ　離婚後の氏・戸籍]

「離婚後の氏・戸籍」

[Ⅶ　死亡による婚姻の解消]

「死亡による婚姻の解消」

[Ⅷ　離婚紛争をめぐる裁判手続]

「離婚紛争をめぐる裁判手続」ほか1問

座談会

第4章　事実婚

[Ⅰ　概　観]

「内縁・事実婚はどのような場合があるか」ほか2問

[Ⅱ　終　了]

「内縁・事実婚を解消する場合、財産等はどうなるか」ほか1問

[Ⅲ　第三者との関係]

「税務上、内縁・事実婚はどのように扱われているか。社会法上はどうか」ほか1問

座談会

巻末　資料／事項索引